집, 다음 집

상현 글·그림

그래인

차례

프롤로그 집과 나의 사이 4

— 1부 —

집, 다음 집
집은 바뀌어도 기억은 남아

말랑한 집 10

방과 거실 사이 15

처음 내 방 20

빛과 그림자 25

작은 큐브 29

반짝이던 아침 34

만 원의 보람 39

시드니와 노을 44

커다란 짐 48

어쨌든 미니멀 53

서로의 온기 58

사랑스러운 집 63

허용된 거리 67

집 밖의 집 72

40제곱미터 77

건너편 집 81

꿈의 집 1 보물상자 85

— 2부 —

고요한 집
잔잔하게 울리는 나만의 자리

창 앞에 서서 94

드나드는 풍경 99

손님맞이 103

읽기 좋은 곳 108

사부작사부작 113

적막의 순간 117

친절한 늪 121

낮은 천장 125

궤적의 중심 130

시간 꾸러미 134

침대로 가는 길 139

하루의 리듬 144

필수 '홀로' 조건 149

꿈의 집 2 작은 오두막 153

— 3부 —

솔직한 집
이곳저곳 손길이 스쳐가는 장소

여백의 미 162
솔직한 집 167
동그란 빛 172
최소한의 변화 177
수납의 법칙 181
한 장의 천 186
의외의 만족 191
전해 받은 재주 196
조용한 쓸모 200
벽 꾸미기 204
위시 리스트 208
집의 농도 212
청소의 본질 216
선 없는 세상 220
빗방울 상상 224
임시방편의 삶 229
꿈의 집 3 시간의 그릇 233

— 4부 —

오롯한 집
안과 밖으로 차곡히 쌓여가는 시간

소설 같은 집 242
바람 터널 247
꼭 발코니 251
아파트의 모습 256
홀로 식당 260
귀찮은 날엔 265
설거지 효과 269
소박한 잔치 274
엄마의 행복 278
손에 담긴 마음 283
작은 가족사진 288
볕 드는 집 293
물건의 의미 296
삶의 실험실 300
다시 집으로 305
꿈의 집 4 층층이 다정 308

에필로그 집은 집일 뿐 315

프롤로그

집과 나의 사이

월셋집을 재계약하기로 했다. 스무 살에 독립한 후, 거주 3년 차가 되는 집은 이번이 처음이다. 모든 것이 완벽한 집은 아니지만, 그저 떠나기에는 아쉬웠다. 그간 수많은 시행착오를 겪으며 어느 정도 포기를 하게 된 것도 사실이지만, 지난 2년간 살아보니 이번 집은 나라는 사람, 나라는 세계에 꽤 적당한 집이라는 점은 분명했다.

재계약의 절차는 간단했다. 부동산 사장님과의 통화 한 통과 부동산 방문 한 번으로 금세 끝이 났다. 타지역에 살고 있는 집주인과는 매번 부동산 방문 시기가 달라서 실제로 만난 적이 없다. 그러고 보니 통화는 한 적이 있었던가. 문자 메시지는 몇 차례 한 것 같은데. 허술하게 끝내버린 게 아닌가 싶기도 했다. 무서운 세상인데 말이다. 흰 봉투 속에 가로로 두어 번 접힌 계약서를 꺼내 펼쳐 내용을 훑어보았다. 이전 계약서와 바뀐 것이라면 계약 기간과 기어코 올라버린 월세 금액. 그리고 그동안 한 번도 제대로 읽어본 적 없었던 제목을 읽어 보았다. 부동산 임대차 계약서. 맞아, 이것도 어떤 계약이었구나. 그래, 내 집이 아니라 잠깐 빌려 사는 집이었지.

그러니까 이 집과 나의 관계는 정확히 말하면 '계약 관계'인 것이다. 적혀 있는 기간이 지나면 더 이상 내 집이 아닌, 아니 애초에 내 집이었던 적이 없었던 집. 물론 서류상으로는 임대인과 임차인의 계약이라고 볼 수 있지만, 실질적으로 내가 관계를 맺고 있는 것은 집이라는 공간이기에, 집과 나 사이의 계약이라고도 볼 수 있다.

계약 관계니까. 우리는 그런 사이니까. 언젠가는 끝이 날 것을 알기에 적당한 거리를 유지해야 할까. 최소한의 거처 조건만 충족되면 되는 것이 아닐까. 내 집이라는 개념이 정립되지 않았을 때는 그랬다. 그냥 먹고 잘 수 있으면 충분했고, 어떤 특별한 관계나 의미를 바란 적이 없다. 하지만 여러 집을 옮겨가며 공간에 대한 욕구와 취향이 생겨났고, 마음도 조금씩 달라졌다. 나는 지금 이 집과 어떤 사이일까.

주변을 둘러보니 대부분 내 집 마련의 꿈을 가지고 있었다. 현재의 집은 그저 지나치는 곳일 뿐, 그들은 미래에 가지게 될 '진짜 내 집'과의 관계를 미리 고민하고 계획하고 있었다.

'언젠가 내 집이 생기면, 이렇게 꾸미고 이렇게 살아갈 거야.'

나도 언젠가는 나만의 공간을 온전히 소유하고 싶다고 생각하지만, 하고 싶은 것도 많고, 가고 싶은 곳도 많은 나로서는 정착이 우선순위에 있지 않다. 바라는 집의 목적지가 명확하지 않아서, 나는 지금 집과의 관계에 더 집중하기로 했다. 그리고 다음, 그다음으로 이어지는 집들과는 차근차근 관계를 쌓아가기로 했다.

계단이 하나만 있다면 그저 턱일 뿐, 징검다리가 하나만 있다면 그저 돌일 뿐, 기차도 한 칸만 있다면 그저 차일 뿐이니까. 마음속 지도에 하나하나의 집들이 그 오롯한 모양새로 줄지어 늘어가는 것이라면, 나는 그것을 과정이라고 부를 수 있지 않을까. "우리는 언제나 과정 속에 있다." 좋아하는 건축 스튜디오, '푸하하하 프렌즈'의 사훈이다. 대학교 과제로 직접 사무실에 방문해 소장님들과 인터뷰했던 나는, 흥미로운 대화 속에서도 유독 인상에 남은 것이 있다. 무심하게 휘갈겨 쓴 글씨로 벽에 걸려 있던 사훈. 8년쯤 지난 지금도 머릿속에 깊게 새겨져 있다. 물론 사훈이 향하는 본래 의미와는 조금 다를 수 있지만, 나는 나만의 해석으로 받아들이기로 했다. 내 삶 속에 수많은 집은 어떤 형태로든 늘 존재하고 있었기에, 말 그대로 나는 언제나 과정 속에 살아가고 있는 것이라고.

그렇기에 언제나 집 속에서 삶의 짜임새를 고민하고 모색한다. 그리고 사는 동안은 집과 내가 서먹하지 않게, 충분한 진심을 담아, 그저 단순한 계약 관계에 그치지 않도록 깊은 유대를 쌓으려 한다.

처음으로 재계약도 했겠다, 지금 집과 나의 사이가 꽤 괜찮은 듯해서, 이쯤에서 한번 그려보고 싶어졌다. 지금의 집과 그간의 집, 그리고 나 사이의 관계를 그린 어떤 지도를.

— 1부 —

집, 다음 집

집은 바뀌어도 기억은 남아

말랑한 집

아무도 가르쳐 주지 않아도
한 번쯤은 해봤을 법한 놀이.

형형색색의 우산들을
이리저리 펼쳐 쌓아 만든 돔.

식탁 의자 몇 개 세워두고
이불을 느슨하게 얹은 텐트.

계절 이불이 들어찬 장롱 속,
손전등 하나로 밝힌 동굴.

어른들의 기준에 맞춰
만들어 놓은 집은

벽은 너무 멀고
바닥은 너무 딱딱하고
천장은 너무 높았던 탓일까.

그 작고 아담한 공간이

온몸을 말랑하고 부드럽게
감싸안아 주는 것만으로

안도감과 자유로움을
하염없이 만끽하고는 했다.

방과 거실 사이

처음 내 방

딱히 나의 방이 필요하진 않았다.

항상 늦은 퇴근의 부모님을 기다리던 '홀로' 아이였기에.

하루 끝 무렵부터 끝까지
그곳에 머물고 머물다가,

자기 전에야 방으로 들어갔다.
불을 끄고 이불 깊숙이 들어갔다.

빛과 그림자

나의 기억 속, 가장 처음의 집은 빛과 그림자였다. 계단 위로 부서지는 빛, 계단 아래로 드리운 그림자.

내가 부산에서 태어나자마자, 우리 가족은 인천으로 이사를 했고, 그로 인해 나의 출생 신고지는 인천 부평구 십정동이 되었다. 하지만 당연하게도 그곳은 기억 속에 존재하지 않는다. 아마도 내 기억 속 첫 번째 집은 세 살 무렵에 살았던 역곡동의 1층 셋방으로 추측된다.

스무 살이 되어 독립하기 전까지 우리 가족은 열 번이 넘는 이사를 했다. 심지어 그중 여섯 번 정도는 내가 초등학교에 들어가기 전이었다. 그러니까 태어난 후 1년에 한 번꼴로 이사를 한 셈이다. 그 이유는 아빠의 직장 때문이었다. 이렇게 말하면 발령이 잦은 직업으로 오해할 수도 있지만, 단지 그것은 당신의 부적응과 방황 때문이었다. 아빠의 입사와 퇴사와 함께, 우리의 전입과 이사도 반복되었다. 불안정한 생계에 힘을 보태기 위해 엄마는 타지에서 영어 학습지 선생님을 시작하셨다. 고작 몇 개의 영어 단어만 아는 상태로 말이다 (지금이라면 상상할 수도 없는). 그런 상황 속에서 나는 부모님이 나가 계시는 동안 집을 지키는, 혼자 남겨진 유년 시절을 자주 보내게 되었다.

잦은 이사로 인해 자연스레 집의 기억도 아주 파편적이고 불명확하게 존재하고 있다. 사실 그 기억이란, 실제의 기억 속 모습인지 오래된 앨범의 필름 사진 속 장면들이 무의식 속에서 편집된 것인지 확신할 수는 없다. 하지만 기억이란 게 원래 그런 것 아닌가. 어렴풋이 느낄 수 있고, 어렴풋이 그릴 수 있다면 진실이든 아니든 나의 기억임은 부정할 수 없다는 것.

우리 집 앞은 늘 계단이 만든 음영이 드리워져 있었다. 당연하게도 나는 그것이 무엇을 의미하는지 몰랐다. 주인집이라든지 셋방이라든지, 온전한 집이라든지 단칸방이라든지, 풍족함이라든지 부족함이라든지. 전자는 대부분 빛이 비쳐 있고, 후자는 대부분 빛이 비껴 있다는 것을 어린 나는 알지 못했다.

그 장면 속에 나는 계단에 앉아 있었다. 계단에는 햇살이 단마다 쪼개진 채로 곱게 얹혀 있었다. 나는 그곳에 오랫동안 앉아서 마당을 관찰했다. 짙은 갈색의 조적 벽, 회색빛 콘크리트 바닥, 테라초 계단, 알루미늄 현관문들. 바라보는 게 지루해질 때쯤이면 딱딱한 계단 위를 미끄럼 타듯 내려왔다. 계단 높이가 꽤 높았을 텐데 다치지 않은 것이 신기하다. 통통했던 엉덩이 때문이려나. 그렇게 혼자만의 미끄럼틀을 탄 뒤엔 플라스틱 장난감 선글라스를 낀 채, 505 세발자전거를 힘차게 굴리며 좁은 마당을 반복해서 왕복했다.

그러다 마당 전체가 그늘이 질 무렵이면 차가운 철제문을 열었다. 발처럼 걸어둔 파란색 나일론 방충망을 얼굴로 비비며 들어갔다. 집은 어둑했지만, 온기는 남아있었다. 방바닥 이리저리 흩어진 블록 몇 개를 주워 한동안 이리저리 쌓아본다.

이 기억 속에는 다른 친구들이나 다른 어른, 엄마, 아빠는 보이지 않는다. 나는 꾸준하게도 혼자서 사부작사부작 움직이며 놀고 있다. 하지만 나의 감정이나 표정에 어둠 같은 것은 없었다. 호기심과 기쁨, 즐거움과 충만함의 반짝이는 빛만 가득했다.

집에서의 첫 번째 기억이 혼자뿐이라는 것이 신기하다. 부모님이 매일 일터에 나가 계셨지만, 그래도 저녁과 주말이면 함께 시간을 보냈을 테고, 이웃 어른들도 자주 왕래했을 텐데 어째서 기억 속에서는 온 집에 나 혼자, 아니 세상에 나 혼자뿐인 걸까. 아마도 그것이 유년의 나에게 아주 인상적이었던 것이 아닐까.

혼잣말을 건네고, 혼자 뛰고, 혼자 춤을 추고 있으면 집은 가만히 듣고 쳐다보고 품어줄 뿐이었다. 반응하지도 동요하지도 않는다. 대답은 오로지 빛과 그림자의 규칙적이고 단정한 변화일 뿐이다. 그것만으로도 나에게 완벽했던 것 아닐까. 혼자만의 완벽한 테두리, 그것이 내가 기억하는 가장 처음의 집이다.

작은 큐브

스무 살, 자취를 시작했다.

평범한 다세대 주택 1층,
3평 남짓의 원룸이었다.

아담한 방의 첫인상은
흡사 작은 큐브와 같았다.

혹은 작은 오두막.

당연히 불편함투성이었다.

현관에 겨우 서서 끼니를 해 먹었고,

세탁기를 쓰려면 밖으로 나가야 했고,

빨래는 늘 덜 마르기 일쑤,

변기에 앉으면 세면대에 무릎이 닿기도…

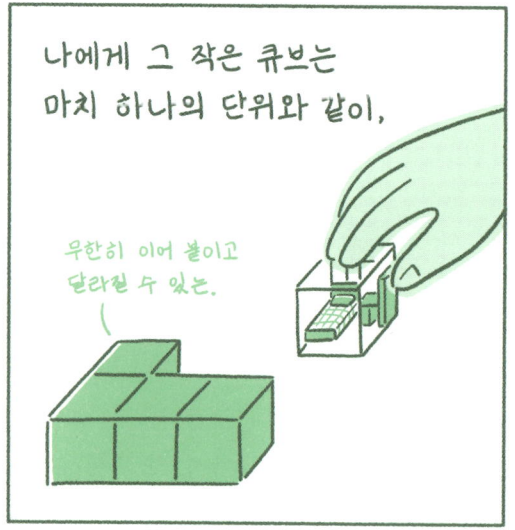

반짝이던 아침

만 원의 보람

쉽게 정이 들지 않았던 자취방.

종일 해가 들지 않아
우중충한 기분이 얼룩진 집.

아무튼 정을 붙이려면 공을 들여야 한다고, 어떻게든 꾸며보고 싶었다.

하지만 가난한 대학생이었기에 뭔가 직접 만들어 보기로 했다.

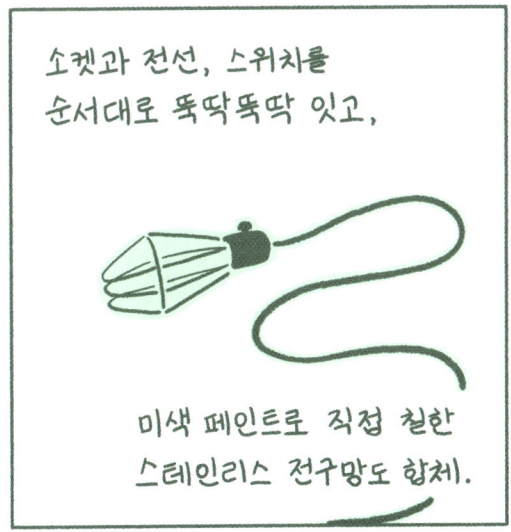

노란 불빛이 공간을 채웠다.

어설프고 투박하긴 했지만
내 손으로 밝힌 집을 바라보니,

썩 마음에 들기 시작했다.

시드니와 노을

시드니와 노을. 호주의 시드니에 딱 한 번 가본 적이 있긴 하다. 하지만 시드니의 달링 하버 벤치에 앉아 바라본 석양을 추억하는 그런 이야기는 아니다. 바로 '시드니빌'와 '노을원룸'. 살았던 자취방 중 기억에 남는 곳들의 이름이다.

원룸촌의 건물들은 대개 공통점을 가지고 있다. 저마다의 이름이 있다는 점. 그린빌, 아침햇살빌, 드림원룸, 노블하우스… 그럴듯한 영어 단어를 가져다 붙이거나, 정겨운 순우리말을 차용하거나, 때로는 머나먼 도시의 이름을 따오기도, 누구나 알 법한 기업의 이름을 멋대로 빌리기도 한다. 그것도 아니면 건물주의 취향을 반영한 뜬금없는 단어가 붙여지기도 한다(자녀분의 이름일지도).

결은 조금 다르지만, 유명한 건축가가 설계한 집들도 저마다의 이름을 품고 있다. 조금 더 진지하고 무게감 있는 그런 단어들로. OO재, OO당 같은 전통적인 이름 짓는 법을 따르기도 하고, OO하우스, OO집 같은 직관적인 이름을 지은 집들도 많다.

집의 기억은 대부분 눈에 보이는 장면들로 구성되겠지만, 이름이라는 언어의 형태로 존재하는 집은 그 나름대로 의미가 있다. 살아가다 보면 어떤 집을 지칭해야 하는 순간이 생기기 마련이니까.

'노을원룸'이라는 이름에는 딱히 첫인상이랄 것이 없었다. 그보다는 집의 생김새가 더 강렬했다. 정방형의 방, 널찍한 발코니, 방 한 면 가득 채운 붉은 꽃무늬 벽지. 그중에서도 가장 인상적이었던 것은 황토색과 흰색이 오묘하게 섞인 세라믹 타일 바닥. 일반적인 장판 마감보다는 신경 쓴 느낌에 특별하다고 여겼지만, 겨울철을 맞이하고서야 깨달았다. 바닥 난방 위에 세라믹 타일은 고기를 굽는 돌판과 다를 바 없다는 것을. 뜨끈함을 넘어선 지글거림. 맨발로 도저히 걸어 다닐 수가 없어서 수건을 밟고 걸어 다녔던 아주 뜨거웠던 겨울. 그것은 바닥이 그을리고 화상을 입곤 했다던 옛날 집의 아랫목과 비슷한 느낌이려나. 그 모든 것들은 아마도 집주인이셨던, 원룸 건물 수 채를 가지고 계시던 이모님의 취향이 반영된 것이겠지. '노을'. 직접 지은 이름인지는 몰라도 이름마저도 그것이랑 참 어울린다는 생각이 든다. 한 학기만

지냈던 집임에도 불구하고 기억이 뇌리에 깊게 남아있다.

반면, '시드니빌'은 이름으로 시작된 인연이었다. 호주에서 워킹홀리데이를 마치고 돌아온 후, 첫 번째 자취방이었다. 여러 원룸을 둘러보았지만 아무래도 이름으로 인해 마음이 몇 도 더 기울었다. 사실 호주 생활의 대부분은 시드니가 아니라 북부의 작은 도시에서 보냈지만, 귀국하기 전 마지막 며칠은 시드니에서 여행 겸 시간을 보냈었다. 아주 짧은 시간이었음에도, 호주라니까, 내적 친밀감이랄까. 호주 시드니에서 부산의 시드니로 이사를 간 셈. 억지스럽지만 나름 자연스러운 교차 아닌가. 그리고 시드니와 부산, 모두 바다 냄새가 은은하게 도시 전체에 퍼져있던 어렴풋한 연결감이라고나 할까. 크기와 평면, 그리고 연식, 모든 것들이 무난했던 집이라 뇌리에 깊이 남을 만한 기억은 남아있진 않지만 가장 안정적이었던, 대학 시절 내내 가장 오래 지낸 집이었다.

오랜 시간이 지나도 그곳은 이름으로 기억된다. 친구랑 이야기할 때도 그 시절을 추억하기 위해 종종 꺼내는 단어들. '너 노을 살 때', '너 시드니 살 때(찰떡같이 알아듣는다)'. 집의 이름은 주소 가장 마지막에 붙는 건물의 명칭을 넘어, 나의 어떤 시절의 이름이 되기도 한다.

이 동네에 이사 온 뒤로는 집에 이름이 없었다. 그저 특색 없는 번지수뿐. 하지만 친구들 사이에서 어느샌가 이름이 붙었다. '해방집'. 물론 단순히 동네의 이름에서 비롯된 것이지만, 또 다른 뜻이 생겼다. 각자의 일상이 팍팍하고 힘들 때면 찾아와, 비밀 이야기건 실없는 소리건 하소연이건 다 풀어놓고, 반짝이는 야경을 끼고 남산 중턱을 한 바퀴 돌며 마음속 응어리를 하나둘 내려놓고 '해방'하는 곳. 언제든 떠올리기에 아주 쉽고 적당히 의미 있다. 좋은 집의 이름이다.

친구 엽에게서 오랜만에 메시지가 도착했다.
'오늘 해방집, 고?'
'얼마든지.'

일러두기
해당 본문에 쓰인 원룸의 명칭은 실제 이름을 그대로 쓰지 않고 임의로 변경하였습니다.

커다란 짐

대학 시절 내내 자취방을 따라다닌 물건이 있다.

바로 전자 피아노.

그리고 제일 중요한,
꿈과 로망을 품고 있다는 것.

언젠가 능숙하게 연주하는 나.
피아노 선율 흐르는 일상.

그런 무용한 것 하나쯤,
집에 있어도 나쁘지 않으니까.

어쨌든 미니멀

서로의 온기

겨울을 나기가
참 어려웠던 집이 있었다.

후아

보일러를 틀어 두어도
18~19도를 넘지 못했으니.

가스비 때문에
막 틀기도 무섭고.

일단 북향인 것이 문제였다.
그것도 아주 정직하게.

그리고 바깥의 공기에
바로 맞닿은 벽과 바닥.

바로 아래는 주차장.

매서운 도시의 겨울,
서로의 온기를 나누는

나름의 생존 방법일지도
모른다는 생각이 들었다.

그치만 그냥 따뜻한 집에 살고 싶다….

사랑스러운 집

신입생 첫 여름 방학, 동아리에서 '주택 스터디'란 것을 하게 되었다. 유명한 거장 건축가의 주택을 하나 선정하여, 그것에 관해 공부하고, 모형도 직접 만들어 보는 것이었다. 그런데 '주택'이라는 단어가 참 낯설었다. 의문이 들었다. 그 당시 내가 살았던 세 평짜리 원룸과 그간 살았던 아파트들이 과연 '주택'이라고 불릴 수 있는 것들인가. (물론 이론적으로는 맞지만. 공동 주택, 다세대 주택이라든지) 왠지 막연하게 '주택'은 더욱 본격적인 집을 지칭하는 것만 같았다.

이제 신입생이었던 나는 알고 있던 건축가가 많지 않았다. 그러다가 찾게 된 '알바 알토'라는 건축가. 몇 번 들어보았고 유명한 거장이라는 것은 어깨 너머로 알고 있었지만, 그의 작품이나 이야기에 대해서는 아는 바가 없었다. 끌렸던 것은 그가 태어난 나라 '핀란드' 때문이었다. 학창 시절 우연히 보게 된 일본의 영화, '카모메 식당'. 헬싱키의 한 작은 식당을 배경으로 한 그 영화 속 핀란드는 아름다운 풍광, 소박하지만 애정이 담긴 음식, 사람, 그리고 대화, 그야말로 평범하고도 아름다운 것들이 가득한 나라처럼 보였다. 그 장면들이 오래도록 기억에 남아있었다. 그래서 궁금해졌다. 그곳에서 태어나고 자라난 건축가가 지은 집은 어떤 모습일까. 그가 담아낸 '핀란드'는 어떤 모양으로 존재하고 있을까.

그가 설계한 수많은 집 중에서 스터디의 주인공이 된 집은 알바 알토의 '마이레아 주택'이었다. 마이레아 주택은 커다란 마당과 수영장을 품은 호화로운 조건의 2층짜리 저택이지만, 그것들을 과시하려 들지 않는다. 오히려 주변을 감싸 안은 침엽수림과 하늘이 더욱 주인처럼 느껴진다. 그리고 집이 만드는 테두리를 단단하게 만들기보다는 부드럽고 유연하게 만들어, 바깥에 존재하는 빛과 바람, 나무의 그림자가 자연스럽게 스며든다. 꼭 자연을 찬사하는 시와 같이 느껴졌다. 그는 이 집을 통해, 집이란 단순히 기능적으로 존재하는 것이 아니라 인간의 감각과 삶을 그대로 담아내야 한다고 말한다.

집에 대해서 다시 생각해 보게 되었다. 그때까지만 해도 '진짜 집'에 대해서 깊이 생각해 본 적이 없었다. 하지만 좋아 보이는 것들이 가득한 집에 대해 공부하며 생각이 조금씩 달라졌다. '마이레아(Mairea)'의 뜻은 집주인 아내의 이름을 따온 것이기도 하지만, 핀란드어로 '사랑스럽다'는 뜻이라고도 한다. 사랑스러운 집이란 무엇일까. 그 이전에 나는 집을 사랑스럽게 여겨본 적이 있었을까.

살아본 기억은 없지만, 아름답고 사랑스럽게 여겨졌던 집이 떠올랐다. 어렸을 적 명절마다 갔던 수영동 외할머니 집. 이틀 정도는 꼭 묵으며 시간을 보냈던 기억이 있기에, 어쩌면 내 집에 대한 기억의 일부가 되어 있을지도 모른다. 할머니 집에 들어서면 느꼈던 감정들. 작은 마당의 우거진 수풀들을 거쳐 마루 위에는 늘 햇살이 깊게 내리쬐어 있었고, 바삭한 그 위에서 사촌들과 옹기종기 엎드려, 달 지난 종이 달력 뒤편에다 낙서하며 놀았던 기억. 그리고 옛 외삼촌의 방에서 고풍스러운 대나무 의자에 앉아 클래식 기타와 전축을 이리저리 만져보며 느꼈던, 세월을 품은 나무와 오래된 옷감의 촉감과 향기의 기억. 그리고 안방이자 거실이었던 큰 방의 따뜻한 아랫목 위에서 다 함께 밥을 먹고, 웃고 대화했던 기억. 생각해 보면 나는 그때마다 아늑한 감정에 둘러싸여 있었다(그 집을 떠날 때마다 아쉬움에 운 적도 종종). 아주 사랑스럽다고 말할 수 있을 만한 집이었다. 아니, 어쩌면 나는 그 집에게서 온전한 사랑을 받고 있다고 느꼈을지도 모른다.

돌이켜보니 내게 사랑스러웠던 그 집은 알바 알토가 추구했던 '마이레아 주택'의 본질과 크게 다르지 않았다. 집을 사랑스럽게 만드는 것은 꼭 근사한 설계만이 아니라 그곳에 어떤 것들을 초대하고 품어 내는지가 더욱 중요하다는 것을. 스터디의 마지막 발표를 하며 나는 그의 공간, 그리고 안목과 철학을 존경하게 되었다. 또한 그 속에 담긴 자연과 사람이 만들어 내는 장면들을 상상하며, 어떤 이상적인 집을 꿈꾸게 되었다. 평범한 삶의 평범한 아름다움을 담아낸 집. 물론 평범함을 한 아름 품는 것도 어려운 일이다. 그럼에도 원 없이 꿈꾸며, 그런 집을 향해 차례차례 건너가 보기로 했다.

허용된 거리

처음 상경하여 구한 방,
4평의 원룸 오피스텔.

창밖의 경치는 오직
창 크기만큼의 건물 외벽.

도시에선 흔한 일이긴 하지.

괜찮은 조건의 집이었지만,

역세권, 출퇴근 30분 거리.
없는 것 없는 동네.

답답한 건 어쩔 수 없었다.

건물 사이의 거리가 꼭
허용된 삶의 범위 같았다.

문득 첫 자취를 했던
3평의 원룸이 떠올랐다.

스물여덟, 신입 사원   스무 살, 신입생

사실 크게 다른 것은 없다.

'아마 내가 변한 거겠지.'

집 밖의 집

집을 고르는 것만큼
동네 고르기에 신중한 편이다.

교통이 어떤지,
편의 시설은 어떤지,
주변 시세는 어떤지도

당연히 중요하지만,

굽이진 골목은 복도 같은,

나무 아래 벤치는 안방 같은,

조용한 서점들은 서재 같은,

곳곳 계절을 펼쳐낸 풍경은
경계가 사라진 무한한 창문 같은,

40제곱미터

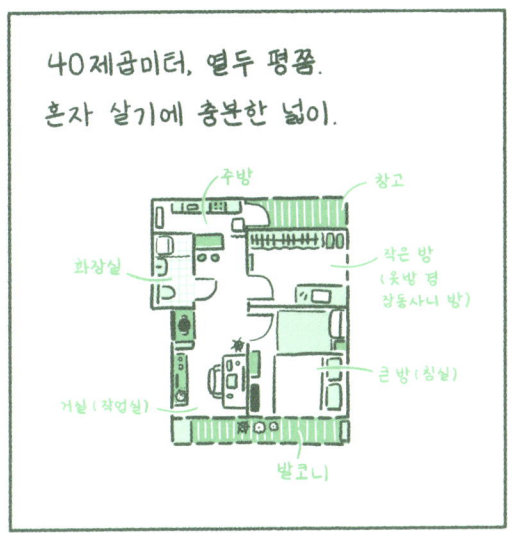

그렇다고 넓이에 관한 욕구가
아예 사라진 것은 아니다.

부엌이 조금 더 넓으면 좋겠어.

욕조가 들어갈 수 있다면 좋을 텐데.

동시에 의미를 찾지 못한 공간,
있어도 없어도 그만인 곳도 있고.

소복

부동산의 규모가 아니라,
나의 온전한 삶의 규모로서.

잘 재단된 한 벌의 옷과 같이,
완벽한 품의 집을 상상한다.

건너편 집

첫인상은 미색이 가득한 집이었다. 나의 나이보다 서너 살쯤 더 먹은 구축 빌라의 2층 첫 번째 집. 하지만 실내는 생각만큼 세월의 흔적이 많이 묻어나진 않았다. 리모델링이나 수리가 잘 된 것은 아니고, 순전히 전 세입자의 의지가 돋보였다고나 할까. 흔히 오래된 집에서 거슬린다고 느끼는 웬만한 것들, 예를 들면 나무 창틀과 천장 모서리 몰딩, 걸레받이, 문지방까지 모두 백색의 페인트가 칠해져 있었다. 그 백색의 면 위로 은은하게 오후의 햇살이 내리쬐고 있었고, 세월의 빛깔이 더해져, 집은 전체적으로 미색의 필터가 씌워진 듯했다.

이미 세입자가 나간 지 꽤 되었는지 먼지가 좀 쌓여있었다. 신발을 신은 채 현관을 넘어 이리저리 집을 둘러보았다. 이사를 할 때마다 익숙하게 경험하는 일이지만, 장판 위를 바깥의 신발로 밟고 다니는 행위는 약간의 죄책감과 왠지 모를 쾌감이 뒤섞여 복잡한 마음이 들곤 한다. 얼른 둘러보고 나가야겠다 싶었다.

따지고 보면 막 좋지도, 나쁘지도 않은 집이었다. 일단 좋은 점이라면 서울에서 내가 가장 애정하는 해방촌이라는 동네(이미 2년간 살아온), 그 동네의 중심에서 그리 멀지 않은 곳에 위치하였으며, 방 두 개와 작은 거실에 부엌도 있고, 발코니가 앞뒤로 나 있어 혼자 사용하기에는 꽤 충분한 집이란 것.

하지만 나쁜 점이라면 오래된 집답게 발견되는 곳곳의 빈틈. 알루미늄 외부 창문과 나무 내부 창문. 무시무시한 난방비가 불 보듯 뻔한 집. 벌레를 최소 한 번은 마주치게 될 집. 그리고 소리가 벽을 쉽게 드나든다는 것. 그런 호조건과 악조건을 이리저리 저울질하며 집을 찬찬히 둘러보았다.

마지막으로 작은 방으로 향했다. 정방형에 가까운 아담한 방은 작업실이나 드레스 룸의 용도로 쓰면 좋겠다 싶었다. 그런 생각을 하면서 한 면에 위치한 창문으로 다가갔다. 순간 마음속의 저울은 단번에 기울어졌다.

창밖에는 건너편의 단독주택 풍경이 펼쳐져 있었다. 집 자체는 평범한 2층짜리의 낡은 양옥 주택이었으나, 집이 품고 있는 마당은 특별했다. 사실 아주 투박했다. 겨울을 코앞에 두던 계절이라 초록함도 없을 뿐더러, 정돈되지 않아 잡초가 무성했다. 하지만 나의 눈에는 그런 모습이 귀하게 느껴졌다. 도시의 한가운데에서, 있는 그대로의 자연을 품고 있는 듯했다.

어떻게 가꾸고 다듬을지, 혼자 상상의 나래를 펼쳤다. 마당은 식물을 제외한 것들을 잘 정리한 뒤에 널찍한 테이블과 벤치를 놓아야지. 거실에서는 마당을 누릴 수 있도록 커다란 통창도 하나 만들면 좋겠다. 작은 별채를 만들어 볼까. 아니면 옥상 정원을 만들어 볼까.

그 집이 나의 다음 집, 언젠가의 집, 혹은 마지막 집이 되는 것을 상상했다. 집주인(후에 노부부의 집이란 것을 알게 되었다)은 생각지도 않는데, 혼자서 얼마나 얼토당토않은 생각인지. 하지만 상상은 자유니까 마음껏 상상해 보았다.

이 집의 가장 좋은 점이 남의 집을 바라보는 일이라니. 하지만 그럴 만한 이유는 있다. 나는 현재의 집도 중요하지만, 다음 집을 상상하기를 즐겨한다. 마치 점심밥을 먹으며, 저녁에 뭐 먹을지 생각하는 것처럼, 이사가 일상이고 이리저리 돌아

다니는 삶을 꿈꾸는 나에게는 당연한 일이다.

지극히 나의 관점에서, 좋은 집이란 어쩌면 다음 집을 꿈꾸고 상상하게 만드는 집이 아닐까 싶었다. 그런 점에서 이 집은 그 조건에 딱 맞는 집이었다. 결정은 오래 걸리지 않았다. 이곳에 살기로 했다.

꿈의 집 1: 보물 상자

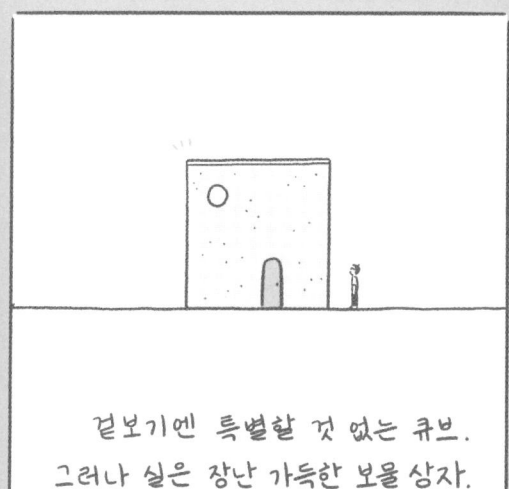

겉보기엔 특별할 것 없는 큐브.
그러나 실은 장난 가득한 보물 상자.

집으로 들어서면 발견하게 되는
군데군데 의아하고 불편한 구석들.

아래가 뻥 뚫린 그물 침대.

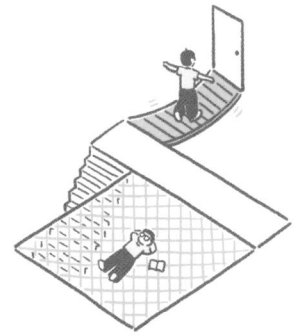

흔들다리로 이어지는 복도.

아래로 내려갈 수 있는 나무 봉.
위로 오를 수 있는 돌부리들.

서가 뒤에 숨겨진 사색의 방.

별이 쏟아지는 돔 모양의 하늘 창.

꼭 고양이의 공간과도 비슷하다.

어딘가에 숨어들고 기어오르고
틈이 나면 제멋대로 눕는 친구들.

어떤 목적이나 기능은 없어도

공간의 재미를 늘 찾아 나서는
귀여운 생명체가 부러웠던 걸까.

너무 놀이터 같나 싶다가도,

어릴 적 꿈꾸었던 엉뚱한 공간들은
어설픈 어른에게 위안을 건넨다.

언젠가 질리는 순간도 있겠지만

어릴 적 꿈이었고,
또 지금의 꿈이니까.

이렇게 살아보아도 좋지 않을까.
고양이처럼, 아이처럼, 나처럼.

— 2부 —

고요한 집

잔잔하게 울리는 나만의 자리

창 앞에 서서

시선을 가까이 당겨,
건넛집의 마당을 바라본다.

정돈되어 있진 않아도,

곳곳에 주인 할아버지의
무심한 손길이 담겨있는 정원.

드나드는 풍경

현관문 안쪽에는
작은 종이 걸려있다.

마음에 드는 모양을
찾고 찾은 끝에 만난

찌링
찌링

귀여운 나무 새가
달려있는 종.

손님맞이

호주 워킹홀리데이 시절,
호텔에서 일할 때는
질릴 정도로 이불을 정리했다.

다른 청소도 중요하지만
특히 많은 신경을 써야 하는 곳.

차분하고 단정한 침대만으로 집의 인상이 달라져 버리니까.

기분 좋은 손님맞이를 위해서 누군가의 완벽한 하루를 위해서.

아침의 나는 저녁의 나를
따뜻한 손님으로 맞이하며,

읽기 좋은 곳

마치 집에 의자 하나 없는 듯이.

벽에 기대거나,
바닥에 드러눕기도,
책상 위에 앉기도 한다.

이렇게 부산스럽게 읽다 보면 페이지는 얼마 안 넘어가더라.

그럼에도 꾸준히 떠들며 읽는다.

흔들리는 문장들 사이에서
균형감을 찾는 느낌이 좋아서,

마음을 붙잡는 문장 앞에서
마음껏 멈추어 설 수 있어서.

사부작사부작

한자리를 지키는 것에 꽤 능숙하다. 어릴 적, 시장이나 놀이터에서 엄마가 "상현아, 여기 가만히 있어야 해. 엄마 금방 다녀올게."라고 말씀하신 후 자리를 비울 때면, 팔을 쭉 뻗은 한 발의 영역에서 절대 밖으로 나가지 않던 아이였다(꽤 키우기 편한 아이였다고).

내겐 그것이 하나도 어렵지 않았다. 언뜻 보면 가만히 있는 것처럼 보이지만, 자세히 들여다보면 풀이나 돌, 모래를 만지작거린다든지, 사람, 강아지, 비둘기를 하나하나 응시한다든지, 그것도 아니면 상상의 나래에 빠져있는다든지, 나름 바쁘게 사부작사부작하고 있었기 때문이다.

그중에서도 내가 가장 좋아했던 사부작 친구는 종이였다. 어디에나 있으면서 무엇이든 될 수 있는 존재였기 때문에, 더군다나 아주 저렴하니 더할 나위 없었다. 물론 흰색 종이 위에 그림을 그리는 일을 가장 좋아했지만, 다음으로 가장 좋아했던 것이 있다. 바로 색종이 접기.

처음에는 비행기, 배, 모자, 나무 같은 단순한 것들로 시작되었지만, 점차 나의 실력과 욕심이 올라감에 따라 높은 난도를 찾게 되었다. 그리하여 다다른 것이 동물 접기와 공룡 접기. 순서도의 번호가 60번이 넘어가는 것들을 풀기 위해서는 몇 시간이고 낑낑대야만 했다.

그 과정에서 작은 진리들도 깨우쳐 갔다. 종이는 한번 접으면 돌이킬 수 없는 표시가 남게 된다. 그래서 여러 번 실패를 거치다 보면 지저분해지다가 흐물흐물, 결국 찢어지는 사태로 이어지기도 한다. 그래서 한 번을 접을 때도 정확한 끝과 끝을 맞추어 신중하게 접어야 한다는 것. 그리고 여러 번 실패하고 다시 도전하다 보면 점점 더 성공에 가까워질 수 있다는 것. 그리고 때로는 과감히 포기할 줄 알아야 한다는 것.

색종이를 이리저리 접는 것 자체만으로도 즐거웠지만, 접다 보면 시간이 훌쩍 흘러가 있는 것도 좋았다. 엄마와 아빠의 퇴근 시간, 도란도란 저녁 시간을 기다리기에 그만한 것이 없었다. 당연한 이야기지만 그 어린이가 색종이 접기가 가져다주는 집중력과 창의력 계발에 대해 알았을 리는 없다.

하지만 나는 점차 자라나며 사부작 행동에도 어떤 생산성을 기대하기 시작했다. 그저 허투루 보내는 시간이 아까웠기에, 뭔가를 얻을 수 있는 것을 찾기 시작했다. 예를 들면, 필독도서를 읽는다거나 새로운 악기를 배운다거나, 운동을 한다거나 하는 그런 것들. 모두 좋은 것들이지만 온전한 사부작 친구로 끌어들이기에는 역부족이었다. 사부작은 딱히 쓸모가 없어야 한다. 있더라도 아주 미미한 수준이어야 한다.

그러다 혼자 살며 요리에 재미를 붙이게 되었다. 나는 그 과정에서 특히 채소를 써는 부분을 좋아한다. 그래서 생각했다. '채소 썰기만 왕창 할 수는 없을까?' 그리고 찾아냈다. 바로 피클 담그기. 그리고 그것은 나의 또 다른 사부작 시간이 되었다.

잘 연마된 기다란 한식도로 커다란 야채들을 망설임 없이 숭덩숭덩 조각낸다. 주로 써는 것들은 무, 양배추, 오이, 당근, 파프리카. 토각토각. 토각토각. 단정한 소리가 부엌과 집을 채워나간다. 하나가 반이 되고, 반의반, 반의반에 반, 계속 작아지다가 모두 비슷한 크기의 수백 개의 조각으로 남을 때까지. 잔뜩 썰려진 야채는 소독된 유리병에 가득 담아 한소끔 끓여놓은 피클 물을 부어 둔다. 그럼 한동안 매 끼니의

훌륭하고 건강한 곁들임 반찬이 되어준다. 모순적이지만, 이보다 더 쓸모 있을 수 있을까.

사부작사부작의 핵심은 나긋한 시간에 있다. 아무것도 아닌 일들을 생각지 않는 시간. 그리고 아무 걱정 없이 홀가분하게 보내는 시간. 쉴 새 없이 움직이는 것처럼 보이지만 실은 아무것도 하지 않는 시간. 며칠간 잘 숙성된 무피클 한 조각을 아작아작 씹으면서 생각해 본다. 오랜만에 색종이 접기를 다시 해볼까.

적막의 순간

친절한 늪

잠깐 쉬고자 할 때면
무심코 소파에 앉는다.

바로 앉았다가,
비스듬히 기대어 보고,
몸을 구겨 누워본다.

달리 무언가를 하지 않으며.

낮은 천장

마음이 무거울 때면,
천장과 바닥 사이에
짓눌리는 기분이 든다.

나갈 기력조차 생기지 않아,
그대로 바닥에 드러누워 본다.

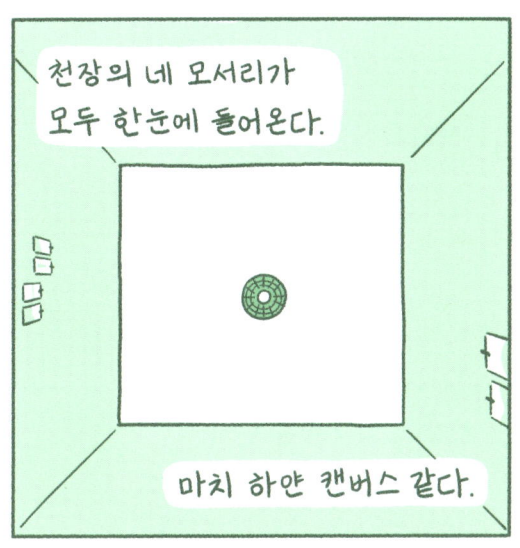

잠깐 얕은 잠에 들고 깨면,

왠지 모르게 가벼워진 기분.

궤적의 중심

———

때로는 집에서 멀어질 필요가 있다. 마음이 일렁이다 가라앉기를 끊임없이 반복하는 날. 집과 내가 너무 가까워지다 못해, 하나가 돼버릴 것 같은 순간. 바닥에 몸이 붙고, 벽에 어깨가 기울고, 침대에 등이 파묻히는 자각이 들 때면 애써 나를 집에서 떼어놓으려 한다. 집에서 멀어지기로 결심한다. 대충 손에 잡히는 옷에 몸을 집어넣고, 현관문을 여는 동시에 신발의 뒤축에 발을 툭툭 밀어 넣는다. 그리고 뒤도 돌아보지 않고 문을 닫는다. 그럼 집은 공간이 아니라 하나의 점이 된다. 그때, 걸음이 시작된다.

오래된 동네의 미로와 같은 골목은 수많은 경우의 수를 만들어낸다. 좁은 계단, 낮은 담벼락, 모서리의 편의점, 길은 여러 갈래가 되었다가 다시 하나로 합쳐지기를 반복한다. 언제라도 가보지 않은 길은 존재하고, 갔던 길조차도 어떨 때는 아주 새롭다. 다만 처음부터 모든 경로를 정할 필요는 없다. 일단 언덕의 위로 향할지, 아래로 향할지를 택하면 된다. 하지만 높은 확률로 나는 위로 향하고 있다. 높은 곳을 좋아하기 때문에. 애초에 남산의 중턱으로 이사 온 것도 높은 곳인 동시에, 언제든 더 높은 곳으로 향할 수 있는 곳이기 때문이다.

학창 시절, 아파트에 살 적에는 자주 옥상으로 향했다. 하늘과 풍경이 사방으로 열려 있는 그곳은 나의 유일한 물리적 해방구였다. 그곳에서 잠시나마 크게 호흡하며 바람에 그날의 낮은 숨들을 흘려보냈다. 하지만 그 시간은 완벽히 나를 해방시켜 주진 못했다. 엘리베이터의 멍한 기다림, 답답한 계단실을 올라, 밋밋한 콘크리트 바닥 위에 서 있는 것은 동시에 위태로운 기분도 들었기 때문이다(경비 아저씨를 마주칠 것 같은 긴장감도 한몫). 그래서 높은 곳 중에서는 산이 가장 좋다. 오랜 시간 든든히 자리 잡고 있는 것만으로도 위안이 되며, 올라가는 그 과정마저도 좋아서. 초록이 우거진 숲속에서 흙과 돌이 깔린 비탈을 구불구불 올라가야만 정상을 마주하는 그 낙낙한 과정 말이다.

다만 매일 산의 초입부터 정상을 왕복하기에는 한계가 있으니까. 그래서 산 중턱에 살기를 택했다. 남산은 비교적 편안한 산이며, 집부터 정상까지는 잰걸음으로 20분이면 충분하니까. 그곳 정상에 서면 습관처럼 하게 되는 것이 있다. 북

악산과 경복궁, 종로의 아름다운 것들이 한 아름 내려다보이는 북쪽도 좋지만, 남쪽으로 몸을 돌려 바라본다. 그중 가장 가까운, 나지막하고 눈에 쉽게 들어오지 않는 나의 동네를 바라본다. 그리고 시선으로 내 집을 찾아본다. '해방교회를 기준으로, 오거리 방향으로 골목 한 칸, 비탈 아래로 골목 한 칸, 그리고 모서리에서 두 번째 집. 저기 있네.' 비유가 아니라 정말로 점에 가까워진 내 집을 바라본다. 그리고 잘 있음을 확인하고 안도한다. 그리고 다시 그곳을 향해 발길을 돌린다.

다시 현관문을 열고 들어서면, 점은 금세 다시 공간이 된다. 안과 밖. 같은 세계인 동시에 다른 세계. 그렇지만 어디에든 존재할 수 있는 가능성. 그 이유는 집이 존재하고 내가 존재하기 때문이다. 짧은 산책으로 확인한 단순한 진실은 나를 안도하게 하고, 비로소 적당한 거리 속에서 다시 일상을 움직이게 만든다.

집에 머물러야만 꼭 집에 거주하는 것은 아니지 않을까. 집이 출발지이자 종착지라는 명확한 감각 속에서 집 주변이든 혹은 먼 곳이든 아니면 일상이든, 어딘가의 궤적에서 머물고 흔들리고 있지만 결국에는 중심으로 돌아오는 어떤 불

확실 속에 존재하는 질서. 맴돌지만 흩어지지 않는 관계. 그것이란, 마치 전자가 핵을 중심으로 퍼지고 맴돌며 존재하는 모습과도 닮았다고, 감히 나와 집의 관계에 대해서 생각해 본다.

시간 꾸러미

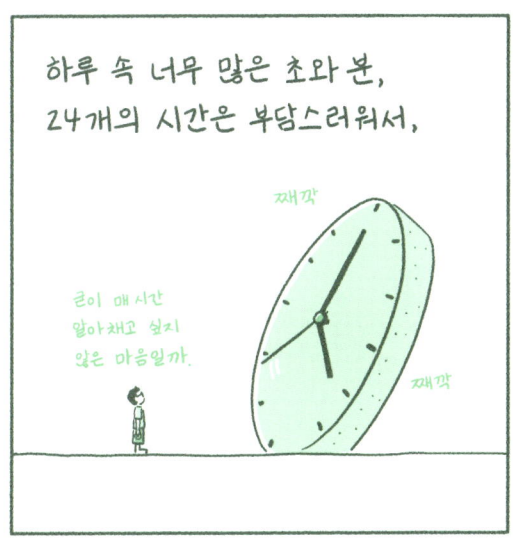

시간의 더미를 쪼개어
잘게 소분하는 느낌으로.

10분, 새벽녘의 호흡 명상.

20분, 아침의 짧은 기록.

1분 30초, 차 우러나는 시간.

늘어지고 흩어지지 않게,
포장지로 감싸는 기분으로.

10분, 촉촉한 반숙 계란.

20분, 기분이 맑아지는 낮잠.

40분, 나의 집중력의 한계.

침대로 가는 길

그곳으로 향하려면
마치 기를 모으는 듯한
일련의 과정이 필요하다.

알맞은 시간에 저녁을 먹어
속은 살짝 비어있는 상태로

집 안의 불을 차례로 끄고
침대 옆의 작은 등만 켠다.

그리고 온몸이 축 처지고
눈이 반쯤 감기는 상태,

가장 완벽한 상태이다.

하루의 리듬

나름대로 꾸준히 지켰다.
개수도 하나둘 늘어갔다.

하지만 예상치 못한 일,
예상치 못한 마음은
한순간에 밀려온다.

하나가 무너지고 나니
도미노처럼 무너지더라.

망한 하루를 바라보며
망연자실하기만 했다.

느려지고, 빨라지고,
느슨해지고, 촘촘해지고,

어딘가로 튀어나가고,
제자리로 돌아오는 것.

더 이상 망한 하루는 없다.
또 다른 하루만 있을 뿐.

필수 '홀로' 조건

아침의 샤워를 끝내고 옷을 갈아입는다. 출근한다. 커다란 책상과 의자가 놓인 작업실 겸 거실로. 여느 프리랜서들처럼 집 안에서도 일상 모드와 일 모드를 분리하려고 애쓰고 있다. 물론 쉬운 일은 아니다. 일이 몰아칠 때면 깨어나자마자 잠이 덜 깬 채로 책상에 앉기도 하고, 일을 하기로 정해둔 시간에 소파와 침대의 유혹을 떨쳐내지 못할 때도 많다.

어찌저찌 혼자 일하고 있다. 이 집에서 살게 된 얼마 후부터 프리랜서의 삶을 살게 되었다. 딱히 계획했던 일도 아니고, 수입도 불안정하기에 어려움이 없는 것은 아니나, 지금 삶의 만족도는 '최상'은 아닐지라도 '상'은 충분히 된다고 말할 수 있다.

나는 혼자 일하기에 적합한 사람이다. 하지만 세상에 오롯이 혼자만 할 수 있는 일이란 아마도 없을 것이다. 내가 하는 일도 마찬가지, 누군가는 일을 주어야 하며, 부족한 부분은 누군가의 도움을 받아야 한다. 또한 내가 한 일의 결과물을 항상 누군가에게 보여주고 설득해야만 한다. 하지만 그 모든 관계와 소통의 순간을 제외하고 일에 집중하고 있는 순간만큼은 나는 온전히 혼자여야만 이상적인 효율을 낼 수 있다.

원래 나는 주변의 움직임에 꽤 민감한 편이다. 어렸을 때부터 누군가의 말소리가 들리면 그곳에 귀를 기울이게 되고, 인기척이 있으면 그곳에 시선을 빼앗기게 된다. 학창 시절에도 학교, 독서실, 도서관에서 집중해서 공부하던 유형의 학생은 아니었다(핑계 같긴 하지만).

하지만 조금 예민할 것일 뿐 크게 문제가 되던 수준은 아니었다. 그런데 이전 회사에서 중요한 프로젝트를 이끌게 되며, 그 성향이 조금씩 증폭되기 시작했다. 일에 집중하는 순간에 동료들의 소리와 움직임이 거슬리는 것이었다. 물론 동료들은 아무런 잘못이 없다. 그리고 언제부턴가 어떤 움직임에 흠칫 놀라는 일이 생기곤 했다. 심지어 그 누구도 움직이지 않았을 때도 종종 그랬다.

그럴 때마다 심장이 거칠게 두근거렸다. 일이 손에 잘 잡히지 않았다. 다행히 일은 무사히 마무리되었지만, 아무도 모르게 나는 꽤 소진되어 있었다.

그 당시는 못된 역병이 끝날 듯 끝나지 않으며 지독하게 이어지고 있던 때였다. 나는 나를 시험해 보기로 했다. 혼자 일해 보기로. 그렇지 않아도 회사에서 공간 디자인을 하는 본업과 그림을 그리는 부업 사이에서 쉽지 않은 줄다리기를 하고 있었기 때문에 괜찮은 핑계가 되었다.

처음에는 물론 시행착오도 있었다. 집에서만 일하면 흐트러지기 일쑤여서, 명확한 아침의 루틴을 줄지어 세워둔다거나, 집 근처 한적한 카페에 가서 일의 예열을 하는 등, 혼자 일하기 위한 나만의 방법을 실험해 보며 방법을 찾아나갔다. 그 결과 아직은 장점을 더욱 크게 느끼고 있다. 확실히 시간을 오롯이 나의 의지대로 사용할 수 있고, 온전히 집중하고, 제대로 휴식할 수 있다. 그리고 여유의 시간은 또 나를 채우는 시간으로 활용할 수 있다. 또한 간헐적으로 주어지는 미팅과 협업의 기회들은, 오랜만에 사람을 만난다는 것 자체만으로 소소한 기쁨이 되기도 한다.

물론 언제까지고 내가 이곳에서, 이 방법으로 일할 수 있을지는 모르겠다. 다시 회사에 들어갈 수도, 나만의 팀을 꾸리

게 될지도 모른다. 다만 내가 어떤 환경에서, 어떤 방식으로 일하길 원하는지를 이제는 알고 있기에 어떤 회사를 선택할지, 어떤 팀을 꾸릴지 조금은 영리하게 고민하고 해 나갈 수 있지 않을까. 하지만 웬만하면 각자 집에서 일하고 가끔 만나는 게 좋겠다고 (미래 팀원의 동의 없이) 마음대로 상상해본다.

꿈의 집 2: 작은 오두막

아주 외딴곳은 아닌 동네에서 살짝 떨어진 곳.

숲의 경계에 덩그러니 놓인 4평 정도의 작은 나무집.

꽤 좁은 공간임에도 나름의 흐름이 존재한다.

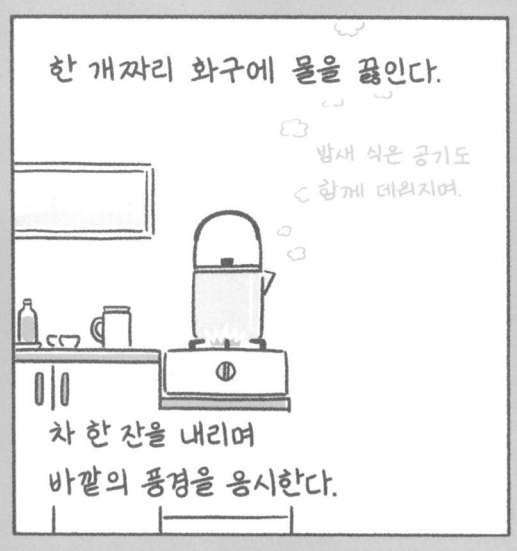

나무는 계절과 시간을 알려준다.
새들은 지저귀며 적막을 깨워낸다.

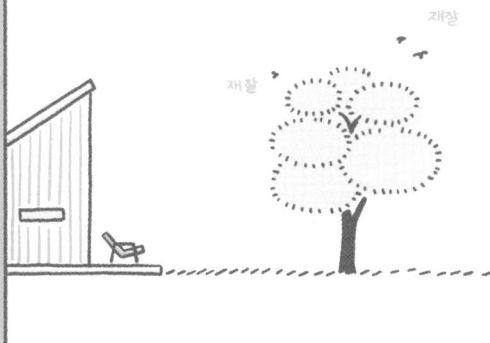

문을 나오면 외벽과 같은 재료의
나무 널판들이 가지런히 깔려 있다.

그리고 낮은 의자 하나.
가능한 한 깊게 앉아본다.

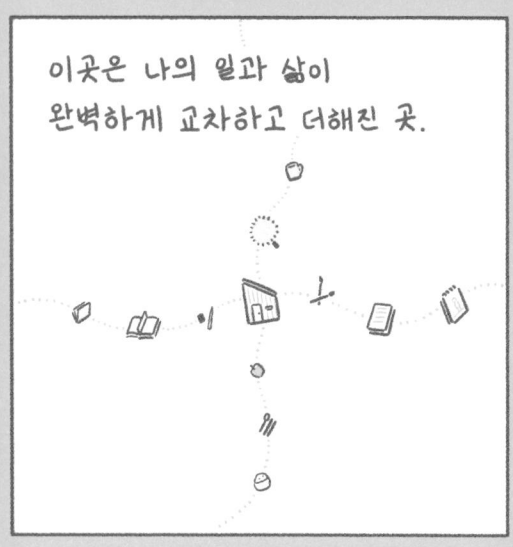

— 3부 —

솔직한 집

이곳저곳 손길이 스쳐가는 장소

여백의 미

솔직한 집

오래된 집에는 수많은 흠이 있다.

이곳에 살아가는 이유이기도 하다.

설령 나의 삶이 녹아,
세월의 흠이 더 늘어나고,
어울리지 않는 것이 놓여도,

어색하거나 어지럽지 않다.
보드랍고 조용하기만 하다.

그만큼 잘 가꾸어야지.

동그란 빛

해가 지고 나면, 하나둘 조명이 켜진다.

제각각 크기와 모양의 은은한 노란빛의 전구들.

집중하고 싶은 날은 옅은 곳에,

숨고 싶은 날은 짙은 곳에 머물며,

동그란 빛 아래에서
하루의 밤은 보다 깊어진다.

최소한의 변화

하나, 둘… 다섯. 똑같이 생긴 형광등 다섯 개. 그렇다면 사야 할 조명의 개수와 종류도 다섯 개이다.

새집에 들어오면 가장 먼저 하는 일은 빛의 온도를 바꾸는 일이다. 다시 말해 천장의 조명을 바꾸는 것. 실제로 조명의 빛은 온도로 구분되어 있다. 2000K, 3000K, 4000K. 올라갈수록 주황빛에 가까워지고 따뜻한 색감을 내는 빛이 된다. 조명은 웬만하면 스웨덴 국민 브랜드의 것을 활용한다. 집에서 광명까지 마실 가는 느낌으로. 김치볶음밥도 먹을 겸 겸사겸사.

조명 교체는 아무래도 많은 이들이 두려움을 가지는 것이 사실이지만, 막상 해 보면 생각만큼 어렵지 않다. 가장 먼저 절연 코팅이 잘 되어있는 장갑을 낀다. 그리고 두꺼비집을 꼭 내린다(구옥에 살며 알게 된 사실은 옛 두꺼비집은 진짜 두꺼비처럼 생겼다). 기존의 형광등을 해체한다. 월세방 중 열에 여덟은 마주하는 기다란 LED 형광등을 예로 들면, 조명의 클립을 '똑딱' 하여 분리한 후, 물려있는 색색의 전선들을 해체한다. 그리고 클립을 드라이버로 손쉽게 풀어 떼어낸다. 그리고 새 조명은 설명서를 차근차근 읽으며 설치한다. 다시 두꺼비집을 올리고 새 빛이 들어오면, 꼭 집이 온통 달라진 기분이다.

한국인이라면 쨍한 흰색 형광등에 아주 익숙할 터, 모든 것이 선명하고 잘 구분된다. 먼지 따위도 매우 잘 보인다. 하지만 빛의 조도를 낮추고 온도를 높이면 확연히 달라진다. 단순히 빛의 색상이나 밝기가 달라지는 것뿐만 아니라, 그곳에 속해있는 마음도 달라진다. 낭만과 사색을 부려도 그다지 청승맞지 않아 보인다. 내밀한 고백이나 하소연을 하더라도 덜 부끄러워진다. 숨기고 싶은 것들을 있는 그대로 드러내도 괜찮을 것만 같다.

그리고 다음으로 할 수 있는 일은 손에 닿는 촉감을 바꾸는 일이다. 대표적으로 손잡이와 스위치. 집을 감각할 수 있는 감각 중, 특히 촉감을 좋아한다. 나는 새로운 집을 갔을 때, 그곳의 손잡이나 난간, 창틀, 스위치, 손에 닿는 부분들을 하나하나 직접 만져보곤 한다. 차갑지 않고, 너무 각지지 않으며 보드라운 것을 선호한다.

다행히 지금의 집은 내가 딱 좋아하는 오래된 문손잡이를 가지고 있었다. 대신 싱크대의 손잡이를 바꾸었다. 둥근 원목의 손잡이로. 이제는 스위치를 바꿔본다. 원하는 분위기에 적합한 제품을 찾아본다. 사실 독특하고 아름다운 제품을 찾기 시작하면 의외로 선택지가 복잡해지는 것 중 하나가 스위치다. 한참을 찾아보다가 상아색의 모가 둥글게 만들어진 스위치를 선택했다.

촉각이 달라지면 몸이 집을 익히기가 더욱 쉬워진다. 손잡이를 만질 때마다, 불을 켜고 끌 때마다, 손끝으로 전해지는 미묘한 감각이 무의식 위에 아로새겨지는 기분이 든다.
마지막으로 할 일은 분리된 옛 기물들을 잘 모아 손에 덜 닿는 수납장에(주방 후드 위 수납장이 무난하다) 고이 모셔놓는 일이다. 이사 갈 땐 꼭 원상복구를 해놔야 하니까. 늘 그렇듯 이곳은 내 집이 아니니까.

이상 소박한 돈과 적당한 노력으로 집의 분위기를 바꾸는 방법이다. 당연하게도 이 정도로 드라마틱한 변화가 일어나지는 않는다. 하지만 내가 안다는 것이 중요하다. 티가 날 듯

말 듯 한 이 변화는 마치 작은 선언을 하는 것과 같다. '이 집은 이제부터 내 집'이라고.

수납의 법칙

보이는 것들은 언제라도
눈길과 손길을 받을 수 있지만

보이지 않는 것들은
쉽게 잊히고 방치된다.

하지만 분명 함께 살아가고
종종 꺼내볼 수밖에 없는 것들.

그러니까 숨겨둔다고 생각 말기.
고이 접어서 예쁘게 넣어두는 거야.

애정과 온기를 담아.

한 장의 천

못나고 어지러운 것들은 무언가로 가리고 싶어진다.

고장 난 낡은 콘센트,
벽지가 울어버린 벽,
쓰지 않는 잡동사니 같은 것들.

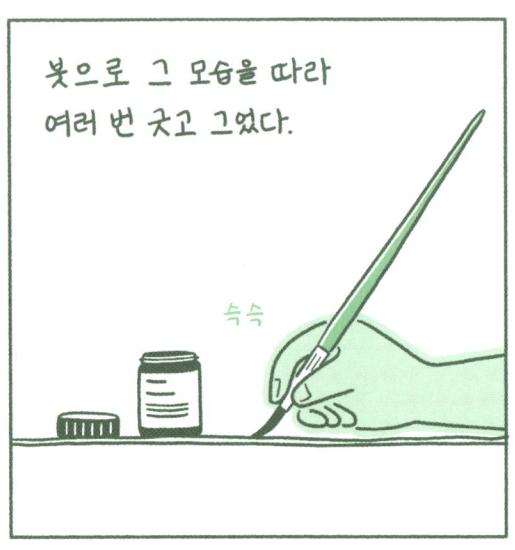

의외의 만족

그래서 현관문에 붙이는
방음 시트지를 찾아보았다.

밋밋한 것은 재미가 없어 보여
나무 모양을 흉내 낸 것으로 선택.

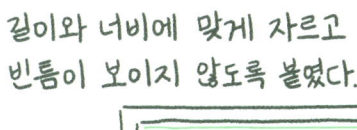

길이와 너비에 맞게 자르고
빈틈이 보이지 않도록 붙였다.

마지막 조각이
딱 맞을 때의
쾌감이란.

한 발짝 물러서서 바라보니
기대 이상으로 꽤 괜찮았다.

전해 받은 재주

아빠는 손재주가 좋으셨다. 기계 공학과를 나오신 덕에 기계를 잘 다루신 것도 있지만, 뭐든지 직접 손으로 만지고 해결하는 것을 좋아하셨다. 집 안의 도배나 장판, 페인트칠을 직접 하심은 물론이고, 기계나 가구를 손보는 일도 도맡아 하셨다.

특히 선박을 수리하고 선박 주방 기기를 제작하는 회사에 오래 다니셔서 스테인리스와 같은 철제 기물을 만드는 일에 익숙하셨다. 철을 재단하고 용접 몇 번이면 단순한 가구쯤은 그의 손에서 간단히 탄생했다.

화분 선반, 벽 선반, 침대 매트리스 받침대 등, 이것저것 만들어 오셔서 우리 집에는 여기저기 스테인리스가 많았다. 반짝이는 은색이 평범한 가정집과 그리 어울리는 색은 아니었지만(지금이라면 인더스트리얼 느낌 물씬이려나), 또 눈대중과 감으로 만들어져 약간의 결함이 존재하긴 했지만, 그것만 제외하면 기능적으로는 큰 문제가 없었다. 꽤 오랫동안 사용했으니 말이다.

그런 아빠의 능력이 좋아 보였다. 슈퍼 히어로 같은 초인적인 힘은 아니었지만, 그의 손에서 무언가 탄생하는 것이 재밌었다. 열 살쯤 되었을 때인가, 한번은 주말에 아빠 회사를 따라간 적이 있었다. 공장 한편에서 철제 파이프를 절단하고 용접용 보호구를 무심하게 얼굴에 갖다 댄 채 무언가를 만드는 모습이 꽤 멋져 보여 한참을 응시했던 기억이 있다.

집 안에도 그의 손재주를 보좌하기 위한 공구가 꽤 많은 편이었다. 공구 박스만 2, 3개쯤 있었으며, 갖가지 크기의 스패너와 니퍼, 펜치, 그리고 톱과 전동 드릴이 수납장 한편을 가득 채우고 있었다. 직접적으로 내가 그것들을 다룰 기회가 많진 않았지만, 가끔 공구함을 열어 여러 기물을 연결해 얼토당토않은 무언가를 만들어 보거나, 혼자서 전동 드릴의 콘센트를 연결하고 이리저리 켜보곤 했다.

독립하고 셀프 인테리어를 자잘하게 해 보며 그런 잔기술은 은근한 도움이 되었다.

언젠가 칸막이 책장을 원하게 되었다. 좁은 원룸에서 부엌과 침실 공간을 분리하기 위함이었다. 칸막이 책장은 양쪽으로 모두 뚫려 책을 넣을 수 있는 것으로 일반 책장보다는 가격이 높은 편이었다. 그래서 직접 만들기로 했다. 하지만 목공을 배운 적이 없는 나로서는 전체를 직접 만드는 것은 불가능했다.

단순하게 3D모델링을 하고 도면을 그려서(이럴 때 건축 전공이 꽤 요긴하다) 필요한 합판 부재의 크기를 정했다. 그리고 목재를 재단하여 판매하는 업체에 주문했다. 그 당시 기준으로 5만 원이 채 되지 않았다. 그리고 나사못과 페인트를 추가로 주문하니 6만 원 남짓 됐으려나.

원하는 곳에 나사 구멍을 내고 직각으로 나무를 고정했다. 차곡차곡 한 단 한 단 올리고 나니 그럴듯한 틀이 만들어졌다. 비틀어지지 않게 직각 부재들로 보강도 해주었다. 은은한 회색빛이 살짝 섞인 듯한 흰색의 페인트를 여러 번 바르고 나니 인터넷에서 본 칸막이 책장 비슷한 것이 완성되었다.

상당히 마음에 들었다. 물론 기성 가구에 비해서 현저히 떨어지는 퀄리티일지 몰라도, 들어간 비용과 품, 그리고 내 손으로 처음 만들어 본 가구라는 점을 생각해서 스스로 후한 점수를 주었다. 비록 아빠는 그 가구를 직접 보진 못했지만, 만약 살아계셨더라면 그 역시 꽤 높은 점수를 주었으리라 예상해 본다.

역시나 피는 못 속이는 걸까. 아빠의 손길이 하나도 들어가지 않은 가구인데도 왠지 그의 손길이 담긴 느낌이었다. 완벽하지 않아서 더 그렇다(그럼에도 아빠가 만든 것보다는 훨씬 예쁘다고 자부한다). 마치 알게 모르게 받은 유산 같은 느낌이다. 손재주니까 무형 유산이라고 해야 할까.

서울로 이사하며 대부분의 가구를 처분했지만, 그 책장만은 본가로 옮겨두었다. 물건에 애착을 깊게 가지는 편은 아니지만, 그 투박한 아홉 칸짜리 책장에는 약간의 의미를 두어본다. 아마도 오랫동안 버리지 않을 것 같다. 무너지지 않고 잘 버텨준다면 말이다.

조용한 쓸모

집 안 곳곳 띄엄띄엄
가만히 놓인 것들이 있다.

여행지의 기념품,
의미 없는 장식품,
소원해진 사물들.

하지만 꽤 귀여운 것들.

벽 꾸미기

안과 밖, 방과 방 사이에 서있는 평평한 벽들.

나의 시선이 빈번하게 스치고 흩어지는 곳.

그곳을 듬성듬성
취향으로 채워본다.

액자와 엽서, 영화 포스터,
그리고 편지, 사진, 문장들.

시선을 옮기는 것만으로

어느 여행지로,
작가의 시선으로,

순간의 기억으로,
올리는 장면으로.

마치 어디로든 향하는
작은 창문들과 같다.

위시 리스트

집의 농도

내 집에는 나름의 '적정 농도'가 있다. 이는 전체의 공간 중에 물건들이 차지하는 비율을 내 맘대로 농도라고 지칭하는 것이다. 한때는 미니멀리즘을 추구해 본 적도 있었으나 은근히 욕심이 많아 과감히 포기했고, 맥시멀리즘은 복잡함을 번잡하게 느끼는 나로서는 거리가 아주 먼 이야기였다. 그래서 너무 묽지도 너무 되지도 않은 적당하고 단정한 농도를 지향하며 지낸다.

그것에는 대원칙이 있다. 하나를 더하면 하나를 빼는 것. 어떤 물건을 하나 사면, 하나는 처분을 해야 한다는 것이다. 그래야만 걷잡을 수 없이 물건이 늘어나는 것을 막을 수가 있다. 그리고 신중해질 수 있다.

그와 같은 원칙이 가장 잘 적용된 품목은 '옷'이다. 나에게 잘 어울리는 옷을 찾고 입는 것을 좋아하지만, 옷이 많아지고 선택지가 많아지는 것은 영 달갑지 않다. 그래서 하나를 사면 하나는 버리거나, 아니면 모아두고 기부를 하고 있다. 이 방식의 장점은 옷을 사는 것도 신중해지고 여러 개를 사게 되지 않는다는 것이다. 일단 90퍼센트 이상 마음에 드는지, 기존의 옷과 어울릴 만한지, 정말 필요한지, 여러 번 고민해서 구매를 결정한다. 그로 인해 웬만하면 한 번에 한 벌씩만 사게 되는 습관이 생기기도 했다. 여러 벌을 사면 꼭 그중 입게 되는 옷만 입기 마련이니.

하지만 원칙을 위협하는 녀석도 있다. 바로 '취미 소비'. 다른 것에 있어서는 사치를 하지 않는 편이나 이상하게 취미와 경험 품목에 대해서는 매번 관대해진다.

가장 대표적인 것으로는 책. 책 읽기를 좋아하는 편이지만, 책을 구경하고 사는 것을 더 좋아한다. 여간해서 책은 한 권만 사기 어렵다. 한 번에 여러 권을 사서, 읽든 읽지 않든 꾸러미를 열고 훑어보고 멋지게 책장에 전시해 놓기만 해도 저절로 기분이 좋아진다. 그래서 최소한의 기준을 정해두었다. 여유로운 책장을 구매해 두고 그 책장을 넘어서지는 말자고. 하지만 겹쳐 꽂거나, 가로로 눕혀 얹혀 놓는 것 까지는 인정. 또한 한 번씩 날을 잡아 정리하고 모아 역시 기부하고 있다. 다행히 예전보다는 신중해지게 되었다. 물론 인터넷 서점의 장바구니 속 항목이 무한대로 늘어나고 있긴 하지만.

그리고 음악. 어쩌면 내가 가장 취약해지는 소비 품목이기도 하다. 치지도 않는 피아노를 처분하지 못한다든지, 통기타를 사고팔고를 주기적으로 반복하거나, 더 이상 듣지 않는 수많은 음반을 그대로 두고 있다(이건 학창 시절 나의 전부였기에 절대 못 버린다). 언젠가는 집에서 노래를 부르며 녹음을 해보고 싶어 마이크를 사기도 했다. 지금은 서랍장 어딘가에 잘 모셔져 있다. 한때는 DJ용 턴테이블과 샘플러에 꽂혀 한참 인터넷을 뒤졌을 때도 있다. 사지 않은 것이 천만다행이다. 음악에 대해서는 재능은 없지만 로망만 가득해서는 매번 사고 싶은 것들이 생겨난다. 요새는 드럼이 배우고 싶어 강습을 알아보고 있다. 드럼이 사고 싶어지면 큰일이다. 단숨에 집의 농도가 올라가 버릴 듯하다.

세상에 좋은 것들, 좋아 보이는 것들이 차고 넘쳐나기에 사고 싶은 것은 언제 어디서 불쑥 나타날지 모른다. 그래서 틈이 날 때, 조금씩 빈 곳을 마련해 두어야 한다. 그로 인해 '중고 거래'는 나의 삶에 중요한 일부가 되었다. 덕분에 꽤 자랑할 만한 뜨끈뜨끈한 당근 온도도 보유하고 있다. 중고 거래는 버려지는 것이 아니라 옮겨진다는 점이 가장 매력적이다.

사고 버리는 삶을 반복하다 보니 자연스레 지구의 농도에 대해서도 생각하지 않을 수 없었다. 물건과 쓰레기가 넘쳐나는 이 지구에 딱 적당한 농도도 분명히 있을 테니 말이다.

하나를 더하고 하나를 뺀다. 대원칙에 조금씩 세부 사항을 늘려간다. 어떻게 더하고, 어떻게 빼야 하는지. 어떤 방식이 지구의 농도를 맞추어 나가는 것에 미약하게나마 도움이 될지. 알아야 할 것도 많고 갈 길이 멀지만, 왠지 이것 나름대로 재미있는 소비가 될 듯하다.

청소의 본질

시간의 흔적을 발견하고
변화를 가다듬는 움직임.

뭐든 시작하기에 딱 좋은,
가뿐한 공기로 만들기 위해.

선 없는 세상

세상이 점점 좋아질수록
가전제품이 하나둘 늘어간다.

편리한 삶을 위해
마지못해 쓰고는 있다만
그다지 정이 가지 않는 것들.

빗방울 상상

오래된 창틀에서는
자꾸만 비가 새어든다.

이것저것 해봤지만,
완벽히 막을 수는 없었다.

장마는 왜 이리도 긴 건지.

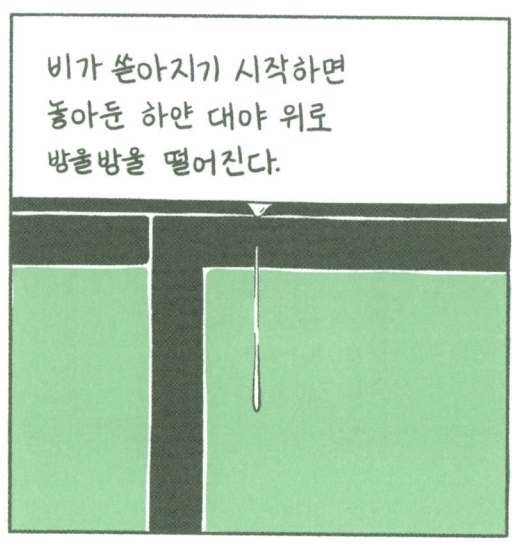

임시방편의 삶

이 정도일 줄은 예상하지 못했다. 기록적인 폭우를 기록한 날. 나는 기록할 만한 하루를 보냈다.

하루 종일 폭우가 내려 집에만 박혀있었다. 물소리가 끝도 없이 들리더니 어느 순간부터는 그 소리가 마치 집 안에서 들리는 듯했다. 꼭 집 안에 비가 오는 것 같았다. 참 운치 있었다.

하지만 정말로 그랬다. 집 안에 비가 오고 있었다. 뒤 베란다의 창틀에서 물이 억수 같이 떨어지고 있었다. 크고 작은 물줄기가 세차게 새어 나왔다. 바닥에는 이미 물이 찰랑거리고 있었다. 그곳에는 배수구가 없었기 때문이다. 상황 파악을 하고 나자마자 쓰레받기로 물을 퍼내기 시작했다.

친구 엽에게 연락이 왔다. '너의 동네를 지나가던 중인데 커피나 한잔 할까' 하며. 하지만 나는 그럴 상황이 아니라고, 자초지종을 설명하니 온 김에 도와주겠다고 했다. 함께 물을 퍼냈다. 비 오는 날 느닷없이 친구 집으로 와서 물을 퍼내고 있는 엽의 모습을 보고 있자니 우습긴 했지만, 나로서는 차오르는 물의 속도를 감당해 줄 한 명이 절실해, 기꺼이 도움을 받았다. 지금 떠올려봐도 참 고마운 일이었다.

비가 그쳐 어찌저찌 수습은 했지만, 또 다시 이 같은 사태를 반복할 수는 없었다. 주인아주머니에게 말하니 문틈에 실리콘을 발라주었다. 하지만 다시 비가 오자 새는 물줄기만 조금 약해졌을 뿐이었다. 근본적인 문제를 해결하려면 발코니 창 전체에 차양을 설치하거나 노후한 철제 창틀 전체를 교체해야 할 텐데, 집주인에게 그럴 의지는 전혀 보이지 않았다. 거듭 말해도 실리콘, 실리콘, 실리콘뿐이었다. 실리콘은 그야말로 임시방편일 뿐이다. 덕지덕지 예쁘지도 않고.

결국 직접 해결하기로 했다. 인터넷을 뒤져 가장 넓고 튼튼해 보이는 방수 테이프를 사서 천장과 창틀에 붙였고, 바닥에 깔려있던 고무 장판을 싹 걷어내어 버렸으며, 그곳에는 그나마 물이 잘 마를 만한 조립식 플라스틱 마루를 직접 깔았다.

다시 비가 세차게 내린 날이었다. 아무 일도 일어나지 않는 듯했지만, 이내 물이 방울방울 천천히 떨어지기 시작했다. 바닥에 바구니 하나를 받쳐두었다. 완벽하진 않았지만 생활이 불편할 정도는 아닌 것으로 만족하기로 했다. 얼마나 버텨줄지는 모르겠지만, 이 집에서 내가 보낼 장마는 많아 봐야 두세 번이겠지. 그 정도는 버텨줄 것이라고 낙관적으로 생각해 본다.

멋진 공간의 사진은 찰나의 장점만을 보여줄 뿐이다. 사실 현실은 불완전함을 적당히 메우며 살아가는, 임시방편의 삶일 뿐이다. 잡지 속에서든, SNS 속에서든 내가 살아보지 않으면, 내가 겪어보지 않으면 알 수 없다. 완벽한 것처럼 보이지만 분명히 빈틈이 있을 것이다. 우리는 그것을 적당히 해결하며 살아간다.

미국의 건축가 프랭크 로이드 라이트의 대표작 '낙수장'은 숲속의 계곡 위에 지어진 아주 아름다운 집이지만, 실제 집주인은 물소리에 잠을 이루지 못해, 크게 불만을 토로했다고 한다. 건축적인 유산이라는 사실을 제쳐두고 집주인의 현실적 삶에 이입을 해본다. 그는 한밤중에 창문을 꼭 닫고 귀마개를 하고 잤으려나. 아니면 폭포 소리로부터 가장 먼,

침실이 아닌 곳에서 잠을 청했으려나. 어떤 방법이었든 힘차게 부서지는 폭포 소리를 완벽히 막을 수는 없었겠지.

다음에 집을 구한다면, 창틀이나 차양은 꼭 확인할 것이다. 아니면 아예 구축을 피하게 될 수도. 하지만 어떤 집이든 완벽하진 않을 것이다. 내가 지금의 집을 물소리가 나는 집이라고 기억하게 될 것처럼, 언젠가 살게 될 그 집도 시간에 따라 나는 흠과 상처, 그리고 그것을 막으려던 나의 방편으로 기억되지 않을까.

꿈의 집 3: 시간의 그릇

바닷가 옆의 경사진 동네.
30년쯤의 세월을 버텨낸 집.

닦아내고 치우고
다듬기를 반복하고,

덧붙인 공간   단층 양옥주택

필요한 만큼 새로 덧붙인 집.

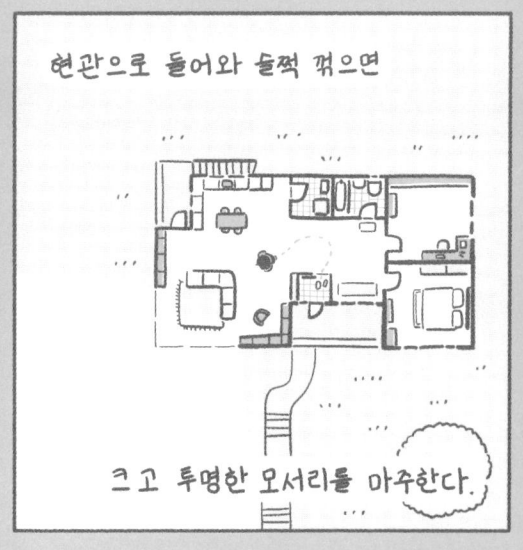

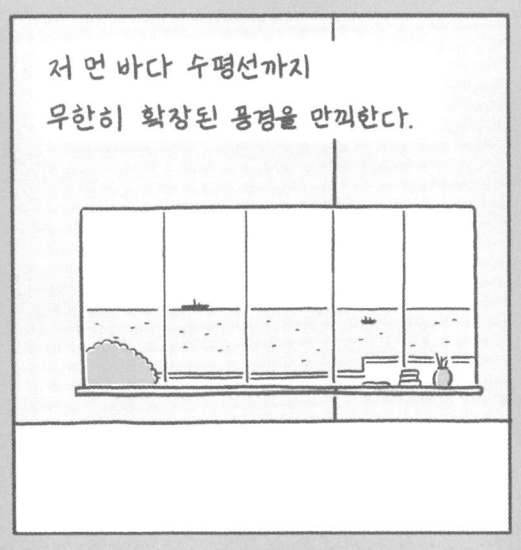

값비싼 것은 아니지만
집을 특별하게 만드는
귀한 요소요소들.

뒤뜰로 나오면 얕은 연못이 있다.

숲속의 작은 생명체들이
종종 목을 축이러 오곤 한다.

— 4부 —

오롯한 집

안과 밖으로 차곡히 쌓여가는 시간

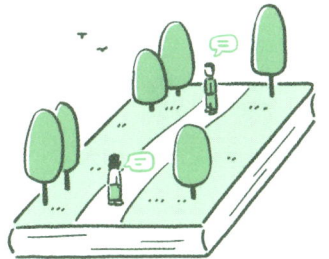

소설 같은 집

하나하나 그들을 위한 공간을 만들어 가다 보니 실감했다.

집은 꼭 소설 같은 존재란 걸.

어떤 인물들이 어떤 배경에서
어떤 서사를 이루는지에 따라

완전히 새로운 소설이 되듯,

집도 그 속에 담기는 사람과
놓일 땅과 짜임새가 다른 한,

툭히 인물들이 살아 움직여야 해.

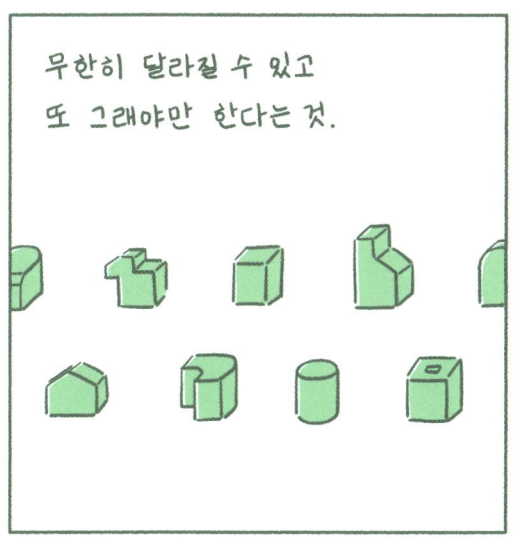

모두가 각각의 이야기를 담은
유일한 집에 살 수 있다면
보다 자연스럽고 평온할 텐데.

다소 비현실적이지만
그런 희망을 품어보았다.

여전히 마음이 가는
나의 첫 집 작품.

바람 터널

집이 미지근하게 느껴지면
앞뒤로 창을 활짝 열어둔다.

얇은 커튼 한 장을 밀어내며
말없이 무언가가 들어온다.

안과 바깥의 온도와 질감은
서서히 수평을 찾아가다가

어느새 바람의 터널 속은
하늘하늘한 기운만 남는다.

꼭 발코니

발코니는 꼭 있으면 좋겠다.

우리는 옛날의 집에 비해
많은 것을 포기하고 살아가기에.

올튼 편리함을 얻었지만.

안전한 집 안에서도 유일하게
계절의 향기를 느낄 수 있는 곳.

큰 창으로 바람이 숭숭 통하고
햇살이 방 깊숙이 내리쬐는 곳.

화분 몇 개로 꾸민 정원 옆,
작은 간이 의자 하나 놓고,

차 한 잔, 가벼운 음식만으로
하루의 기분이 달라질 수 있는

아파트의 모습

6살 이후로는 줄곧 아파트에서만 살았다. 그중에서도 나의 인생 첫 아파트, 그 흔한 이름의 현대아파트. 101동, 딱 한 동 뿐이었던 그 복도식 아파트가 오래도록 기억에 남는다.

복도에서 내려다보면 단지의 입구와 경비실이 보였다. 3층에서 발코니로 창밖을 바라보면 나무 하나가 앞을 가리고, 나뭇잎은 잘게 하늘거렸다. 그 사이로는 놀이터가 보였다. 주변 일대에 아파트가 많지 않았기에, 그곳은 동네 아이들의 만남의 장소이자 모두의 놀이터였다. 하루 종일 아이들의 재잘대는 소리가 끊이질 않았다. 경비 아저씨와는 매일 인사를 했다. 수줍음이 아주 많은 아이였지만, 매일 엄마가 출근할 때 맡긴 열쇠를 찾으러 갔기에 아저씨와는 꽤 내적 친밀감을 느끼곤 했다. 그런 아파트가 나는 마음에 들었다.

이후로 아파트는 점점 더 고급스러워지고 편리해졌다. 입주민들이 누릴 수 있는 것들도 더욱 다채로워졌다. 꼭 아파트의 색깔과 이름처럼 말이다.

다만 개인적인 관점에서, 그곳은 마을보다는 요새에 가까워 보인다. 담장을 치고, 출입구는 입주민만 드나들 수 있어 마치 해자에 둘러싸인 듯 바깥의 사람들에게는 범접할 수 없는 곳이 되어버렸다. 그 안은 어떻게 생겼는지, 누가 살아가는지, 그리고 어떻게 살아가는지 알 길이 없다. 분명 안전하긴 하겠지만, 그 보안의 테두리가 너무 거대해서 꼭 도시의 일부가 구멍이 난 것만 같다. 건너편에 목적지가 있다면 한참을 빙 둘러서 가야만 하니 말이다. 세상이 삭막해지고 위험해졌으니, 어쩔 수 없는 일 아니겠냐고 생각해 본다.

건축학과를 졸업하고 첫 직장에서 나의 일은 아파트를 설계하는 것이었다. 새롭게 지어질 아파트의 공용 공간과 외관을 계획하는 일을 주로 했지만, 종종 보고서를 쓸 일도 많았다. 그때마다 나는 자주 쓰는 단어들을 이리저리 조합해, 아파트를 수식하는 문장과 구절을 만들어냈다.

예를 들면 이런 식으로, '자연에 순응하고 도시에 대응하는 환경친화적 주거', '공간을 향유하는 아름답고 품격 있는 단지'. 물론 그 말들이 결코 틀린 것은 아니다. 그 아파트가 추구하던 목표이긴 했으니까. 하지만 나 자신이 문제였다. 딱히 죄책감 없이 그저 아파트라는 '상품'을 적당한 미사여구로 포장하고 있는 나 자신이.

종종 동료들과 그런 농담을 했다. 특히 값비싼 동네의 아파트를 설계할 때면, 우리가 이렇게 열심히 아파트를 설계하지만, 정작 우린 이 아파트의 타일 한 칸 크기만큼도 살 돈이 없다며. 언제부턴가 나는 아파트를 집이 아닌, 돈의 가치로 판단하고 있었다.

부산에 위치한 엄마의 집도 아파트다. 하지만 그곳은 조금 달라 보였다. 내가 독립한 이후에 이사하셨기에 그곳에서 온전히 살아본 적은 없지만 잠시 머무는 동안에도 눈치챌 수 있었다. 엘리베이터에서 마주친 이웃들은 이방인인 나에게 늘 눈인사를 건넸다. 또한 어른들은 아이들에게 모두 친절하고, 아이들은 어른들에게 해맑게 인사를 한다. 한 아주머님은 자원해서 매일 분리수거를 정리하고, 엄마와 이웃들은 그분께 소소한 감사의 표현을 한다.

좋은 아파트라는 생각이 들었다. 학군이 그리 좋은 동네도, 집값이 비싼 동네도 아니지만, 사람들이 더불어 살아가는 모습이 선명하게 보이는 곳이다. 분명 이 아파트만의 모습은 아닐 것이다. 여전히 아파트는 집이고, 우리는 그 속에서 아름답게 살아갈 수 있다.

언젠가 나도 아파트에 살게 될 수도, 아닐 수도 있지만 적어도 나의 친구, 가족, 동료 중 누군가는 아파트에 살아가고 있을 것이다. 도시 속의 아파트는 현대를 살아가는 우리에게 가장 친숙한 집임에는 틀림이 없다. 더 좋은 아파트가 집다운 집, 마을다운 마을과 같은 모양으로 존재하길, 그리고 모두에게 그렇게 여겨지길 꿈꾸어 본다.

홀로 식당

혼자 살기 알맞은 집에 충분한 요리 공간은 사치.

한 칸짜리 조리대가 답답해 대신 아일랜드 식탁을 샀다.

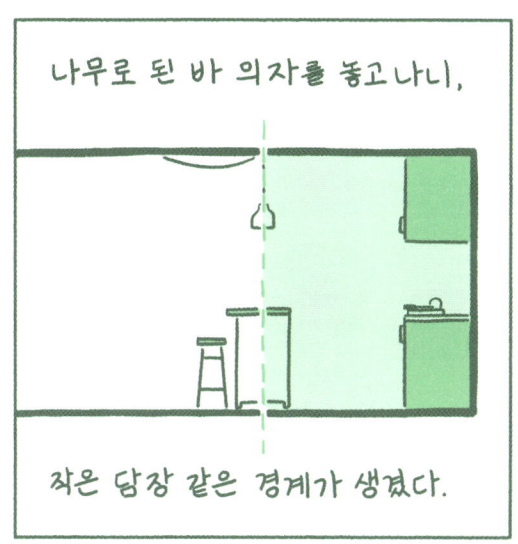

귀찮은 날엔

뜨거운 면은 곧바로
찬 물에 여러 번 문질문질,
체에 받쳐 내면 끝.

장국에 고추냉이만 살짝 풀어
면을 담갔다가 그대로 한 입.

간 무나 송송 썬 파를 넣으면
더 맛있지만 없는 대로도 좋아.

설거지 효과

소박한 잔치

남자들 다섯이 모여 파티, 아니 잔치를 했다.

아주 오랜만에 나의 집에서 친구들이 모이기로 했다. 이미 30대에 접어든 아저씨들이지만, 오늘만큼은 재미 삼아 '소년들의 밤'이라 칭하며, 우리의 날을 축하해 보기로 작정했다.

때마침 나는 한식 조리 기능사 자격증을 딴 지 얼마 안 되던 시점, 한창 요리에 열이 붙어있었기에 모든 음식을 직접 만들어 대접하기로 했다. 잔치답게 잔치에 걸맞은 음식으로 한 상을 차려보기로 했다.

실패 없는 우리들의 소울푸드, 제육볶음을 한 웍 가득 볶고, 두부도 살짝 데쳐 곁들여 내고, 채를 썬 감자와 베이컨을 섞어 바싹하게 튀기듯 구워낸 감자채전. 가성비로는 최고인, 청양고추 송송 썰어 넣어 한소끔 끓여낸 홍합탕. 닭 다리 살도 넉넉히 구워서 접시 위에 쌓아 올렸다.

"와, 뭘 이렇게 많이 했냐."
"이걸 어떻게 다 먹어."
한마디씩 거들며, 식탁 주변으로 하나둘 앉기 시작했다. 그리고 수저와 그릇 부딪히는 소리가 한동안 나더니, 잠시 후 식탁 위는 참담했다. 아주 금세 깔끔하게 비워진 접시와 그릇들.

"밥 더 먹을 사람?"
"주면 기꺼이 먹겠습니다."
요리한 자에게 있어서는 최고의 칭찬이었다. 빈 접시를 두고 이리저리 이야기하다가, 방으로 가서 소파에 둘, 바닥에 둘, 나는 침대에 걸터앉아 다시 달뜬 시간을 보냈다.

왁자지껄하게 모여서 떠들고 먹고 놀아본 게 얼마 만인가. 대학 동기로 만나 10년도 훌쩍 지나 다시 모인 우리들이 참 신기하고 뭉클했다. 학과 동아리에서 만난 우리들은 신기할 만큼 장단이 잘 맞아서 늘 지독히도 모여 다녔다. 하지만 한 해 두 해가 지나가며, 각자의 현실에 따라 자주 볼 기회는 자연스레 줄어들었고, 이제는 마음먹고 가기도 쉽지 않은 지방에 뿔뿔이 흩어져, 1년은커녕 3년에 한 번 모이기도 어렵게 되었다.

대학교 1학년, 나의 3평짜리 첫 원룸에서 다섯이 모였던 순간을 떠올렸다. 한참 동아리 스터디를 하던 시절 밤샘 작업 핑계로 동아리방에서 잔뜩 수다를 떨고 밤을 새웠던 날. 나의 자취방은 캠퍼스에서 가장 가까운 곳에 있었기에 모두 그곳으로 모였다. 3평에 5명이 잔다는 것은 지금으로서는 상상도 하기 어렵지만, 그땐 그다지 어려운 일도 아니었다. 그저 적당히 눈만 붙이면 될 뿐이었기에. 싱글 침대 위에 셋이 옹기종기, 바닥에는 하나, 그리고 정작 주인인 나는 의자에 걸터앉아 불편하게 잠에 들었다. 그리고 느지막이 깨어나 배달을 시켜, 텁텁한 입속에 짜장면과 짬뽕, 볶음밥을 시켜 우걱우걱 입에 집어넣던 그때의 기억이 생생하다.

그냥 그대로 즐거웠다. 내일의 발표나 다음 달의 마감, 기말고사 같은 것들이 걱정이긴 했지만, 먼 미래의 서른을 넘기는 나이쯤(이를테면 2020년쯤)의 고민은 딱히 상상해 본 적이 없었다.

지금은 분명 걱정이 늘긴 했다. 불편하고 답답한 현실의 문제들도 많아졌다. 하지만 십 년쯤 흘러 똑같이 자취방에 모여, 실없는 이야기를 나눌 때만큼은 그때나 지금이나 그다지 달라진 것이 없다. 흡사 예술가나 평론가에 빙의해서 영

화와 음악 이야기에 열을 내고, 시답잖은 상상과 서로를 향한 애정 어린 비난(?)을 나누며 웃고 떠들었다.

타임머신이란 게 별것 아닐지도 모르겠다. 흘러간 시간이 무색하게 느껴져서, 오래전 과거가 마치 어제처럼 느껴진다면, 혹은 지금과 다를 바가 없다면 그게 시간 조작, 혹은 시간 여행이지, 뭔가 달리 있겠나 싶다. 그렇게 생각하니 이 소박한 잔치가 조금은 거창하게 느껴졌다. 10년, 20년 후에도 다시 이 타임머신에서 배부르게 웃고 떠들 수 있는 날이 있길 바라며.

엄마의 행복

엄마는 종종 행복을 말했다.
대부분의 이유는 집에 있었다.

창밖의 야트막한 산세 따라
쏟아지는 아침의 햇살.

손에 담긴 마음

작은 가족사진

그것은 아빠의 유품 중 하나였던 것.

자동차 대시 보드 위에
늘 붙이고 다니시던 것.

사진 속 우리 가족은 정확히
예쁜 삼각형을 이루고 있었다.

군대 첫 휴가 때 찍었었지, 아마.

아빠, 엄마, 나.

각각의 꼭짓점은 처음에만 해도
한 집, 한 방, 한 거실에 존재했지만,

각자의 방을 쓰게 되며,
내가 집을 나오게 되며,
아빠가 세상을 떠나며,

볕 드는 집

집이 어떤 상처를 치유할 수 있다고 믿는 편이다. 그 방법이란 예를 들면, 잠, 물, 소리, 음식, 혹은 사람. 그러나 모순되게도, 내가 믿는 집이 지닌 가장 큰 치유의 힘은 바깥에 존재한다. 자연이 만드는 가장 강한 빛, 그리고 그 기운이 담긴 '볕'.

대학교 2학년 2학기에 공동 주택을 설계하는 과제가 있었다. 팀 작업이었지만, 꼭 해 보고 싶은 것이 있었다. 바로 누군가의 마음을 치유할 수 있는 주택을 만드는 것. 곧바로 팀원들을 설득했다. 주제는 예상치 못한 사건과 사고로 가족을 잃은 사람들이 함께 살아갈 수 있는 집. 그리고 그들의 치유를 돕는 집.

절대 일어나서는 안 될 사건들을 접하며 떠올린 주제이긴 하지만, 아주 솔직한 마음으로는 나의 이야기를 담고 있기도 했다. 2학기가 막 시작된 지 얼마 안 되었을 무렵에 아빠가 갑작스레 돌아가셨기에, 어쩌면 남겨진 엄마와 나를 위한 집을 상상한 것이 아닐까 싶다. 그때 팀원들에게는 밝히지 않았지만, 나의 처지를 잘 아는 친한 친구와 후배였기에 말없이 이해해 주었으리라고 추측한다. 아무래도 참 고마운 일이다.

다소 예민할 수 있고, 공간으로 풀어내기에는 꽤 추상적인 주제였기에 방향을 잡기가 쉽지 않았다. 몇 차례 수정과 번복을 거쳤음에도 교수님의 크리틱은 냉정했다. '컨셉을 다시 생각해 보렴.' 그 말은 주제를 실현하기 위한 방향이 모호하다는 뜻이었다. 실은 우리도 잘 알고 있었다. 어떻게 해야 집이 치유할 수 있는지 도무지 알 수 없었다.

밤을 꼬박 샜지만, 정해진 것은 없었다. 그때 스산했던 초가을의 새벽을 거치고 건축관 중정으로 햇살이 내리쬐었다. 유리를 거치고, 자연을 스치며 들어온 빛은 따뜻했다. 온화하고 부드러웠다. 문득 그런 생각이 들었다. 집 자체가 치유할 수는 없다는 것을. 하지만 치유에 아주 알맞은 환경은 만들어줄 수 있다. 바로 따뜻하고 안전한 공간.

우리의 키워드는 금세 정해졌다. 바로 '볕 드는 마을'. 딱딱한 콘크리트 건물이지만 결코 차갑게 느껴지지 않게 최대한 자연에 가까운 나무 루버를 만들고, 각각의 테라스와 공동 마당으로 햇살이 가득 스미도록 만들었다. 어디에 있더라도 매일의 환한 온기가 그들을 다독이기를 바랐다. 그렇게 교수님도 별다른 말씀 없이 납득하셨다.

물론 그것만으로 누군가의 삶을 극적으로 바꿀 수는 없다. 더군다나 마음의 회복은 시간이 아주 오래 걸리는 일이다. 하지만 다행히 집은 쉽게 변하지 않으니까, 꾸준히 누군가의 마당이 되어주고, 누군가의 거실, 누군가의 안방이 되어줄 수 있다. 기분 좋은 볕이 하루 종일 들고, 우리라고 느낄 수 있는 안전한 공동체와 함께라면 비록 오랜 시간이 걸리더라도 우리의 이상이 가능할지도 모른다고 생각했다. 물론 미흡하고 뜬구름 같은 이야기일 수도 있다. 하지만 '치유의 집'이라는 주제로 고민하면서 사람의 마음과 집에 대해서 진심으로 고민해 보았고, 그것만으로도 충분히 의미 있었다.

결국 집이 만드는 치유의 종착역은 볕이 가장 풍부하게 존재하는 바깥으로 향하는 것이 아닐까. 다시 나갈 수 있는 용기를 내어 신발을 신고 현관문을 나서 걷고, 자연을 누리고, 누군가를 만나고, 살아내는 것이리라. 하지만 가장 먼저, 눈부실 만큼 볕 좋은 날, 창문을 활짝 열어보는 것부터 해 볼까.

물건의 의미

다시 한창 이사를 준비 중이다.

이번에는 도시를 옮기다 보니 처분해야 할 짐이 많다.

멈춰있는 물건 속에
영혼이 깃든다고까지
생각하지는 않는다만,

마치 해리 포터의
호크룩스처럼.

함께한 기억이라든가,
나만의 의미 같은 것은

어디서든 잘 지내주길.
무사히, 사랑을 받으며.

삶의 실험실

다시 집으로

집을 정리하고 부산으로 내려가기로 했다. 갑작스러운 결정이다. 아직 집의 계약 기간이 1년 반이나 남았는데 말이다. 재계약을 할 때만 해도 예상하지 못했다. 그 이유라면, 당분간은 정착보다는 이곳저곳에 머물러 보는 경험에 초점을 맞추기로 했기 때문. 하지만 아이러니하게도, 그 첫 번째 목적지는 엄마의 집이다. 삼십 대 중반에 접어든 내가 엄마의 집으로 들어간다는 것이 조금 뜬금없을지도 모르지만, 나름의 의미가 있다.

아, 물론 가장 큰 이유는 금전적인 이유 때문이다. 비교적 공간의 제약에서 자유로운 프리랜서의 삶을 선택하고 살아가는 내가 굳이 부담스러운 서울의 집값을 부담하며 살 필요는 없지 않겠느냐는 생각. 그리고 당분간 그 돈을 아낀다면, 내가 원하는 곳에서 공부를 하든, 일을 하든, 살아볼 기회를 만들어 볼 수 있지 않을까 하는 바람에서 비롯되었다.
그리고 '엄마의 집'으로 간다는 것 자체에 의미가 있다. 나는 더 이상 엄마의 집을 '본가'라고 부르지 않는다. 그 계기는 명확했다. 아빠가 돌아가신 후, 엄마가 새로운 집으로 이사를 가면서부터이다. 그곳은 내가 나고 자란 집이 아닌 오롯이 엄마 혼자 사는 집이다. 나는 그 집에 고작해야 수개월에 한 번씩 방문해서 이틀 혹은 사나흘 정도 머무를 뿐이었기에, 나의 근본이 되는 집이라고 불리기에는 무리가 있다.

하지만 그로 인해 편해진 것도 있다. 본가라는 단어는 내겐 오히려 짐과 같은 존재였다. 분명 좋은 기억들도 많았겠지만, 그보다도 아프고 묵직한 상처들이 컸기에, 그래서 그것에 압도되었던 내 자신이 자꾸만 떠올라서, 그 단어를 마주할 때마다 불편한 마음이 들기 일쑤였다. 하지만 나에게서 점차 그 단어가 무색해짐에 따라 부정적인 감정도 함께 증발한 듯하다. 이제는 엄마의 집이니까. 우리 가족의 집도 내 집도 아닌 엄마의 집, 그곳에 내가 잠깐 손님으로 머무르는 것이기에 과거의 무게는 그다지 떠오르지 않을 테다.

다만 조금 걱정이라면, 엄마의 집에 함께 살아가는 커다랗고 귀여운 생명체, 반려묘 '오요'이다. 녀석은 더 이상 나를 반기지 않는다. 아주 잠시지만 처음 데려와 자취방에서 나와 함께 지낸 시간도 있었고, 부산에서 지내는 동안은 종종 얼굴을 익혔던 사이라 그때만 해도 꽤 사이가 괜찮았지만, 이제는 영 서먹해져 버렸다. 물론 그 친구도 어느새 열 살을 넘기며 기력이 많이 떨어진 탓도 있겠지만. 하지만 오랜 시간 엄마의 곁과 엄마의 집을 지켜온 어엿한 집주인이니, 눈치껏 잘 받들어 모시며 지내야겠다. 부디 나를 내쫓지만은 말길.

13평의 내 집 안에 큰 가구는 이제 침대 매트리스 하나만 남았다. 대부분은 중고로 처분하고, 잔뜩 버리고 난 결과이다. 휑한 방 안, 침대 매트리스 위에 누워서 평소보다 높아 보이는 천장을 바라보았다. 그리고 주변을 둘러보았다. 후우. 한숨으로 시작된 숨은 이내 큰 심호흡이 되었다. 텅 빈 집이 나름 마음에 들었다. 떠나는 마음 때문일까, 아니면 시작하는 마음 때문일까. 다음에 내 집을 꾸밀 땐 이 정도의 물건만 두고 살아도 괜찮겠다 싶었다.

스무 살에 집에서 나와 여러 집을 돌고 돌아, 십수 년 만에 다시 집으로 들어간다. 그리고 그것은 끝을 의미하는 것이 아니라 다시 시작을 위한 잠깐의 휴식, 리셋, 혹은 매듭. 이 집이 매듭의 끄트머리 바로 앞에 존재하여서 다행이다. 사무치는 그리움은 아닐지 몰라도, 이 집에 머물던 나, 그리고 어떤 장면들이 때때로 그리울 것만 같다.

꿈의 집 4: 층층이 다정

번잡하지 않은 평범한 동네.
이따금 행인이 지나가는 길가,

5층짜리 미색의 타일 건물.

그곳의 가장 꼭대기,
유일한 나만의 일상 공간.

도시 속의 섬 같은 느낌.

문장과 동네, 그리고 하늘에
번갈아 시선을 옮기여,

시간을 잠잠히 흘려보낸다.

1층에는 작은 식당이 있다.
건물의 온화한 인상을 담당한다.

누구든 꾸밀 수 있고
뭐든지 채울 수 있는 곳.

동그랗게 둘러앉아
털어놓고, 경청하고,
나누어 먹고, 노래하며,

하염없이 서로 다독인다.

에필로그

집은 집일 뿐

8절지 스케치북 위에 올려진 작은 나의 두 손을 떠올린다. 오른손은 스케치북의 끝을 붙잡고 있고, 왼손은 48색 크레파스 박스 위를 천천히 떠돌고 있다.

이내 주황색 크레파스를 골라 동그랗게 움켜쥔다. 그리고 과감하게 스케치북의 정중앙에 네모 하나를 그린다. 그리고 빨간색으로 뾰족한 삼각형 하나를 얹혀 놓는다. 파란색으로 창틀을 그려놓고, 하늘색으로는 유리창을 칠한다. 같은 색으로 뭉글뭉글 떠 있는 구름 몇 개도 흩어 놓는다. 노란색은 구름 사이로 빼꼼히 드러나 있는 해님. 상냥한 미소도 빠질 수 없다. 그리고 집의 왼편에는 초록색과 고동색으로 각각 나무의 잎과 기둥을 세워 둔다. 나란히 줄지어 두 번 정도 반복한다. 빨강, 노랑, 분홍, 갖가지 색으로 꽃도 그린다. 아카시아인지 국화인지, 튤립인지 모를 그런 꽃들. 줄기 위에 놓인 꽃의 머리가 창문만 하니 커다랗다.
그리고 사람 세 명을 그려 넣는다. 한 명은 짧은 머리에 키가

크고, 한 명은 단발머리에 마르며, 한 명은 자그마한 몸에 눈이 땡글하다. 순서대로 아빠, 엄마, 그리고 나. 양손을 쭉 뻗은 자세와 반달눈의 환한 표정은 모두 똑같다. 끝났다고 생각했는데, 문을 그려 넣는 것을 깜빡했다. 크레파스 중에 제일 소중하게 여기는 금색을 골라 세로로 긴 직사각형을 그리고 빼곡히 색을 채운다. 드디어 완성.

어릴 적 '내가 살고 싶은 집'을 그리는 순간이 오면 항상 그리던 집. 붉은 벽돌에 솟아 오른 박공 경사 지붕, 크게 난 창문과 예쁜 문. 꽃과 풀과 나무로 둘러싸여, 햇살은 온화하게 비추는, 그리고 사랑하는 사람들과 즐겁게 함께하는 집. 어디에 존재하는지는 알 수 없지만, 가장 기본적인 꿈의 집의 모양은 항상 단순하면서도 동화적인 모습 그대로를 유지하고 있다. 다만 세상이 변하고 내가 변해서, 이러한 집은 서서히 내가 바라는 집의 기준에서 멀어져 갔다.

학창 시절에는 거대한 도시 한가운데의 높고 멋진 건물에 살고 싶었다. 편리한 교통과 수많은 인프라, 예를 들면 편의점과 프랜차이즈 매장들이 코 닿을 곳에 즐비한 곳. 모든 것들이 기계처럼 흘러가는 효율적인 곳을 꿈꾸었다. 뭔가 그것이 성공의 척도라고 느꼈다.

하지만 혼자 살기 시작하며, 난 그런 곳에 적합한 사람이 아님을 깨달았다. 그래서 지금은 도시 속에 있지만 비교적 한적한 동네에 살아간다. 낮은 주택들이 즐비하고, 좁은 골목 골목을 지나면 작은 가게와 동네 시장이 있는 그런 동네.

혼자 그리고 쓰는 삶을 살면서부터, 나라는 존재에 대해 깊이 집중하고 싶은 마음이 들었다. 그래서 요샌 세상과 동떨어진, 사람의 흔적이 아주 적은, 자연의 색과 소리가 가득한 풍경 속의 집을 꿈꾼다. 아주 가끔은 그 모든 집을 가지고 싶다는 욕망이 샘솟기도 한다.

원하는 집이 시시각각 계속 변하고 있다. 이상은 커지면서도, 끊임없이 현실의 잣대들로 비교하고 판단하며, 이제는 내가 정확히 어떤 집을 원하는지 알 수 없게 되어버렸다. 집이 뭐길래.

영화 〈업〉에서 칼 할아버지는 그의 아내, 엘리와의 소중한 추억이 담긴 집을 놓쳐버리고 말았지만, 그의 여정을 함께한 러셀에게 담담히 말한다. '집은 그냥 집일 뿐이야.' 진짜 중요한 것은 그 속의 나와 함께했던 사람들, 그 모든 기억의 장면들이다. 늘 그렇듯 하나의 집은 떠나가지만, 또 하나의 새로운 집은 우리를 찾아올 거니까.

집에 대한 이야기를 마무리하며, 내가 살아온 집과 살아가는 집을 선반 위 나란히 진열된 그릇을 바라보듯 한 발짝 물러서서 바라보았다. 어떤 그릇은 금이 있거나, 또 어떤 그릇은 상처나 고통이 담겨 있을 때도 있지만, 모든 낱낱의 그릇들은 사랑할 만한 태두리를 가지고 있었다. 그러니까 나는 어떤 집을 사랑하는 것이 아니라, 그냥 집 자체를 사랑하는구나. 그저 집다운 집 말이다.

이내 모든 집에 고마운 마음이 들었다. 모든 나를 잘 담아주어서 고마워. 그리고 앞으로도 잘 부탁해.

상현

네모난 틀 속에 일상과 기억을 모으는 작가. 건축을 전공하고, 건축 설계 일을 하며 도리어 공간이 담아내는
사람과 이야기를 더욱 사랑하게 되었다. 덴마크의 코펜하겐에서 지내며, 공간 디자인을 공부하고 있다.
오랫동안 변하지 않는, 잔잔하지만 울림 있는 무언가를 만들기 위해 하루하루를 쌓아 가고 있다.
제10회 브런치북 출판 프로젝트에서 특별상을 받았으며, 지은 책으로는 『매 순간 산책하듯』과
『작은 스케치북』이 있다.

인스타그램 @sang.ted

집, 다음 집

1판 1쇄 2025년 9월 22일 | 글·그림 상현 | 편집 백지원 백다영 | 아트디렉팅 이인영
디자인 림어소시에이션 | 찍은곳 동인AP 031. 943. 5401 | 펴낸이 김구경 | 펴낸곳 고래인
출판등록 제2021–000056호 | 주소 서울특별시 강서구 강서로56가길 37, 502호
전화 02. 3141. 9901 | 전송 0303. 3448. 9901 | 전자우편 goraein@goraein.com
홈페이지 www.goraein.com | 페이스북 goraein | 유튜브 goraein | 인스타그램 고래인 goraein,
고래뱃속 goraebaetsok | Copyright ⓒ 상현, 2025 | ISBN 979-11-983729-3-2 03810
이 책의 국내외 출판 독점권은 고래인에 있습니다. 이 책은 저작권법에 따라 보호받는 저작물이므로,
이 책 내용의 전부 또는 일부를 무단으로 복사·복제·배포하거나 전산장치에 저장할 수 없습니다.